LYSA TERKEURST

segunda eu recomeço!

Princípios práticos para alcançar uma vida
física e espiritual saudáveis

Copyright © 2022 por Lysa TerKeurst

Título original: *I'll Start Again Monday*

Publicado por acordo com a
HarperCollins Christian Publishing, Inc.

1ª edição: fevereiro de 2023

TRADUÇÃO
Ana Paula Argentino

REVISÃO
Luís Werneck Maia
Francine Torres

DIAGRAMAÇÃO
Sonia Peticov

CAPA
Julio Carvalho

EDITOR
Aldo Menezes

COORDENADOR DE PRODUÇÃO
Mauro Terrengui

IMPRESSÃO E ACABAMENTO
Imprensa da Fé

As opiniões, as interpretações e os conceitos emitidos nesta obra são de responsabilidade da autora e não refletem necessariamente o ponto de vista da Hagnos.

Todos os direitos desta edição reservados à
EDITORA HAGNOS LTDA.
Rua Geraldo Flausino Gomes, 42, conj. 41
CEP 04575-060 — São Paulo, SP
Tel.: (11) 5990-3308

E-mail: hagnos@hagnos.com.br
Home page: www.hagnos.com.br

Dados Internacionais de Catalogação na Publicação (CIP)
Angélica Ilacqua CRB-8/7057

Terkeurst, Lysa

Segunda eu recomeço! princípios práticos para alcançar uma vida física e espiritual saudáveis / Lysa Terkeurst; tradução de Ana Paula Argentino. – São Paulo: Hagnos, 2023.

ISBN 978-85-7742-388-0
Título original: I'll Start Again Monday!

1. Autoajuda 2. Vida cristã 3. Espiritualidade 4. Saúde I. Título II. Argentino, Ana Paula

23-0524   CDD 158.1

Índices para catálogo sistemático:
1. Autoajuda

Para a mulher de coração cansado que se sente tão solitária nesta luta que parece jamais ter fim... Deixe-me ser a amiga que caminha ao seu lado e dizer: você é notada. Você é amada. Tem gente orando por você. Jesus está com você e eu também. Podemos vencer isso. Pois bem, vamos dar as mãos e enfrentar juntas esta jornada.

Sumário

Introdução: Em busca do seu "eu quero" 7

CAPÍTULO 1 • Falando sério, o que está acontecendo? . 15

CAPÍTULO 2 • Substituindo minhas vontades.......... 23

CAPÍTULO 3 • Elaborando um plano 31

CAPÍTULO 4 • Amiga de verdade não deixa a
outra comer antes de refletir 39

CAPÍTULO 5 • Criada para um estilo de vida
bem melhor 47

CAPÍTULO 6 • Aproximando-se de Deus 55

CAPÍTULO 7 • Não ser definida pelos números 65

CAPÍTULO 8 • Fazendo as pazes com as realidades
do meu corpo..................................... 73

CAPÍTULO 9 • Mas atividade física me dá vontade
de chorar... 81

CAPÍTULO 10 • Isto não é justo!..................... 91

CAPÍTULO 11 • Um dia "daqueles", péssimo,
podre, horrível................................... 101

CAPÍTULO 12 • A maldição da calça jeans skinny.... 111

CAPÍTULO 13 • Vícios excessivos 119

CAPÍTULO 14 • Vazio emocional 127

CAPÍTULO 15 • O demônio do pôster das
batatas fritas.................................... 137

CAPÍTULO 16 • Porque as dietas não funcionam 147

CAPÍTULO 17 • Melhor ganhar do que perder....... 155

CAPÍTULO 18 • Viva como uma vencedora.......... 165

Versículos para uma alimentação saudável 171

Notas 173

Sobre a autora 175

INTRODUÇÃO

Em busca do seu "eu quero"

Um livro clássico sobre escolhas de um estilo de vida saudável deve conter muitas discussões acerca de vegetais, calorias, hidrocolonterapia e frases do tipo "você tem que" e "você deve".

Tenho um problema com toda essa discussão. Não sinto falta do "como fazer", sinto falta do "eu quero"... Querer mesmo fazer mudanças duradouras e decidir que os resultados dessas mudanças compensam o sacrifício.

Diante dessa confissão, acho que é adequado ser honesta com você sobre algumas coisas logo de cara.

1. Sou emocionalmente alérgica a livros típicos sobre alimentação saudável.
2. Em nenhum momento da minha vida desejei um palitinho de cenoura.
3. Eu não estou muito animada em abrir mão das duas maiores delícias para o meu paladar — salgadinhos Cheez-It e *brownies*. Na verdade, perguntei a Deus se acaso seria muito difícil transformar a estrutura molecular de um Cheez-It em

palitos de cenoura, já que ambos têm a mesma cor laranja. E, falando sério, issoseria muito complicado para alguém que já transformou água em vinho?

4. Eu não tinha certeza se eu deveria escrever um livro como este. Sou apenas uma mulher cristã em uma jornada para encontrar uma motivação mais profunda do que os números da minha balança para me tornar saudável e permanecer assim.

Não estou escrevendo este livro para torturar seu paladar ou porque encontrei a dieta mágica para fazer você ficar magra da noite para o dia. Estou escrevendo porque já lutei muito tempo com minhas escolhas alimentares e com meu peso. Eu disse: "Vou começar a dieta na segunda-feira (de novo)" mil vezes, só para me decepcionar no café da manhã. E os rumores dizem que a maioria das minhas amigas também luta contra esse ciclo desgastante e insatisfatório todo santo dia. O que me leva ao quinto item que você deve saber a meu respeito:

5. Comecei essa jornada pesando 75 quilos. Para algumas é um número terrivelmente alto. Para outras, 75 quilos é o peso dos sonhos. No meu caso, o número em si não era o xis da questão, mas como eu me sentia mental, espiritual e fisicamente. Era hora de ser honesta comigo mesma.

Acho que todas nós chegamos a um ponto na vida que temos de dar uma resposta brutalmente honesta à pergunta "Como estou me saindo?". Na verdade, não é um bate-papo que temos com uma amiga ou com um membro da família. É uma daquelas reflexões no meio da noite, em que não há como encobrir as realidades que nos encaram.

Eu sabia que certos aspectos em mim precisavam mudar, mas era mais fácil dar desculpas do que enfrentá-los. A racionalização é tão atraente. Veja se você se identifica com uma delas:

EM BUSCA DO SEU "EU QUERO"

Sou boa em todas as outras áreas.

Já faço tantos sacrifícios.

Preciso de petiscos como forma de conforto nesta fase da minha vida;
lidarei com meus problemas depois.

A Bíblia não diz especificamente que isso é errado.

Se eu quisesse realmente fazer uma mudança, eu poderia; só não quero
neste exato momento.

Ah, pelo amor de Deus, todo mundo tem problemas. E se esse for o meu?

As desculpas, no entanto, não me levam a lugar algum, principalmente quando se trata de alimentação saudável.

Uma vida inteira poderia ser gasta dando desculpas, sentindo-me culpada, decidindo fazer melhor, martirizando-me mentalmente por não cumprir minha decisão e, em seguida, resignar-me pelo fato de que as coisas não podem mudar.

E não quero gastar minha vida inteira nesse ciclo. Suspeito que você também não.

O livro que você tem em mãos poderia ser a companhia que estava faltando para cada plano de alimentação saudável que você tentou e lamentou por não ter conseguido colocá-lo em prática. Creio que este livro vai ajudá-la na busca do seu "eu quero".

Além de ajudar a encontrar seu desejo de vencer seus hábitos alimentares não saudáveis, também explica algo muito importante para a maioria de nós, mulheres: a desnutrição espiritual. Sentimo-nos acima do peso fisicamente, mas abaixo do peso espiritualmente. Ligar esses dois aspectos é o primeiro passo em uma das jornadas mais importantes que você fará com Deus.

Isso me faz lembrar de uma jornada descrita em Mateus 19. Um jovem rico vem para ver Jesus e explica que está seguindo todas as regras, mas ainda sente que falta alguma coisa em sua busca por Deus. "A tudo isso tenho obedecido", disse ele. "O que me falta ainda?" (v. 20). Ou seja: "Estou fazendo o básico do que é necessário... Então, por que ainda sinto que me falta algo?".

Que pergunta impensada. Que resposta confrontadora. Jesus responde: "Se você quer ser perfeito, vá, venda os seus bens e dê o dinheiro aos pobres, e você terá um tesouro nos céus. Depois, venha e siga-me" (v. 21).

O jovem rico vai embora triste porque ele não desistiria da única coisa que o domina. Ele está tão cheio de suas riquezas que não consegue ver o quanto está desnutrido. Ele é igual às pessoas de hoje em dia que se recusam a comer clara de ovos e frutas no café da manhã para poderem se entupir de rosquinhas de chocolate com granulado. Mesmo quando o nível de açúcar sobe e as fortes dores de cabeça aparecem, recusam-se terminantemente a abrir mão das rosquinhas.

No meu passado cheio de açúcar, talvez eu tenha tido uma experiência pessoal que me levou a refletir sobre essa simples analogia.

Enfim.

Jesus não expressou essa questão como um mandamento radical para todos que têm muito dinheiro. Ele assim se expressou para qualquer um de nós que se dedica totalmente a qualquer abundância que temos. Imagino que Jesus olhou diretamente para a alma daquele jovem rico e disse: "Quero que abra mão da única coisa que você deseja mais do que a mim. Depois, venha e siga-me". (v. 21).

Que profundo, não é mesmo?

De repente, Jesus não está fitando apenas o jovem rico; Ele também está olhando para mim mim — para o meu interior. A parte que não posso cobrir com desculpas ou maquiagem.

Quando Jesus quer que o sigamos — verdadeiramente segui-lo —, é assunto sério: "Se alguém quiser acompanhar-me, negue-se a si mesmo, tome a sua cruz e siga-me" (Marcos 8:34).

Com Jesus, se queremos ganhar, temos de abrir mão. Para sermos cheios, devemos negar a nós mesmos.

Para nos aproximarmos verdadeiramente de Deus, temos de nos distanciar das outras coisas.

Para vencermos nossas vontades, temos de redirecioná-las para Deus.

Deus fez-nos capazes de desejar, para que tivéssemos um desejo insaciável por mais dele, e só por Ele.

Nada muda até que façamos a escolha de redirecionar nossos desejos equivocados ao único capaz de satisfazê-los.

Ficar saudável não se trata apenas de emagrecer. Trata-se de recalibrar nossa alma para querer mudar — espiritual, física e mentalmente. E de fato a batalha se dá nessas três áreas.

Espiritualmente. Tive de pedir a Deus para me dar a vontade de ser saudável. Sabia que uma busca fútil pelo meu "eu quero" não duraria. As vontades superficiais geram apenas esforços superficiais. Tive de buscar um "eu quero" espiritual fortalecido por Deus. Então, eu pedi. Na verdade, eu implorei. Clamei a Deus. E dia após dia, Ele me deu o "eu quero" suficiente, misturado com sua força, para eu ser satisfeita com as escolhas saudáveis.

Deus também colocou em meu coração que essa é uma questão de grande importância espiritual. Pense em Eva na primeira interação registrada na Bíblia entre uma mulher e um alimento. Evidentemente, o cerne da tentação de Eva era que ela queria ser como Deus, conhecedora do bem e do mal; mas não podemos ignorar o fato de que *a serpente usou um alimento como ferramenta no processo*. Se a própria queda da humanidade foi causada quando Eva se rendeu à tentação de comer algo que não devia, penso que nossas lutas com a comida são importantes para Deus.

Fisicamente. As perspectivas espirituais neste livro podem mexer na alma, mas as realidades físicas exigem que transformemos essas revelações espirituais em escolhas práticas.

Quando comecei essa jornada, finalmente tive de admitir que os alimentos que consumo realmente importam. Meu peso é um reflexo direto das minhas escolhas e do meu estado de saúde.

Comecei com uma consulta médica, a qual eu considero imprescindível que você faça antes de começar seu plano de alimentação saudável. O médico fez vários exames. Exceto por alguns resultados que indicavam que eu não estava fazendo atividade física regularmente ou fazendo a escolha alimentar mais saudável, os exames mostravam que estava tudo normal.

Hummmm. Por que os médicos sempre dizem a velha frase sobre comer bem e fazer atividade física?

Sentindo-se borocoxô? "Coma bem, faça atividade física." Sentindo-se triste? "Coma bem, faça atividade física." Aposto que da próxima vez que eu for me consultar por causa de uma dor de garganta será a mesma ladainha. "Coma bem, faça atividade física." Tenha misericórdia! E não vamos nem mencionar o meu problema com a balança do consultório. Tenho certeza de que ela aumentaria o meu peso só para provar o ponto de vista do médico. *Viu só? Você precisa comer bem e fazer atividade física.*

O médico e os resultados dos exames estavam certos. Meus problemas com o peso estavam diretamente ligados às minhas escolhas alimentares. Ponto final. Eu precisava admitir e tomar uma atitude.

Mentalmente. Eu tinha de decidir que estava cansada de me comprometer. O que acontece quando você exclui o "com" da palavra *prometer*? Sobra o "prometer". Fomos criadas para além do *comprometimento*. Fomos criadas para as *promessas* de Deus em cada área da nossa vida.

Sinceramente, fui criada para além de um ciclo vicioso de comer, engordar, me estressar — comer, engordar, me estressar... Fui criada para me levantar, lutar contra meus problemas e, usando a força do Senhor em mim, vencê-los para a sua glória.

Espero que você continue nessa jornada em busca do seu "eu quero". Não posso prometer que será fácil, mas posso prometer que será a coisa mais empoderadora que já fez na vida. Só hoje vesti uma calça jeans que jamais pensei que vestiria de novo. E enquanto minha carne fazia a dancinha do sucesso, minha alma estava longe das ideias de vaidade.

Minha alma sentiu-se livre. Fiquei surpresa por ter desejado satisfazer meu desejo de me libertar de toda a culpa, destruição e derrota em vez de satisfazer meu paladar.

Não tenho vontade de comer aquelas malditas cenouras, mas encontrei o meu "eu quero." Comecei a comer bem e a fazer atividade física. Perdi peso. Senti-me ótima. E certamente me aproximei mais de Deus do que outrora.

Meus desejos mais verdadeiros foram supridos — e os seus também podem ser.

CAPÍTULO 1

Falando sério, o que está acontecendo?

Vários anos atrás, uma empresa de emagrecimento surgiu com uma campanha de marketing brilhante. Talvez você tenha visto algumas propagandas. Um monstrinho alaranjado perseguia uma mulher, tentando e provocando-a com alimentos que obviamente não faziam parte de seu plano de alimentação saudável. As propagandas capturaram perfeitamente como é se sentir assediada por vontades ao longo do dia.

Embora o monstro alaranjado seja um excelente modo de ilustrar as vontades de comer besteira, as propagandas são insuficientes em suas promessas de ajudar a mulher. A teoria da empresa de emagrecimento é ensinar que os alimentos saudáveis são mais saciáveis e incentivar o consumo deles, mas será que isso realmente ajuda a vencer as vontades?

Para mim, não. Simplesmente me dizer para comer alimentos mais saudáveis que me ajudarão a me sentir saciada por mais tempo não aborda o xis da questão. Posso me sentir saciada depois de uma refeição e ainda ter vontade de comer uma torta de chocolate de sobremesa. Apenas se sentir saciada não é a resposta para aderir a um plano de alimentação saudável.

Falando sério, o que está acontecendo?

Creio que Deus nos criou para termos vontades. Agora, antes de pensar que isso é algum tipo de piada divina cruel, deixe-me garantir que o objeto da nossa vontade nunca foi feito para ser comida ou outras coisas pelas quais as pessoas se veem dominadas, como sexo ou dinheiro, ou a busca por reconhecimento.

Pense na definição da palavra *desejar*. O dicionário *Houassis* define *desejar* como "sentir vontade de possuir ou realizar, sentir forte atração por". Agora, leve em consideração esta passagem: "Como é agradável o lugar da tua habitação, SENHOR dos Exércitos! Minha alma anela, e até desfalece, pelos átrios do SENHOR; o meu coração e o meu corpo cantam de alegria ao Deus vivo" (Salmos 84:1,2).

Pois é, fomos feitas para desejar — anelar, querer muito, ansiar e clamar por — Deus. Somente Deus. Satanás, no entanto, quer substituir nosso anseio por Deus por outra coisa. Aqui está o que a Bíblia diz a respeito disso: "Não amem o mundo nem o que nele há. Se alguém ama o mundo, o amor do Pai não está nele. Pois tudo o que há no mundo — a cobiça da carne, a cobiça dos olhos e a ostentação dos bens — não provém do Pai, mas do mundo" (1João 2:15,16).

A passagem detalha três modos com os quais Satanás tenta nos desviar de amarmos a Deus:

- A cobiça da carne.
- A cobiça dos olhos.
- A ostentação daquilo que se tem ou faz.

Vamos definir as coisas.

De acordo com o comentário da minha *Life Application Study Bible (NIV)*:

Cobiças = tentar satisfazer nossos desejos físicos *fora da vontade de Deus.*

Cobiça dos olhos = tentar satisfazer nossos desejos materiais *fora da vontade de Deus.*

Ostentação = tentar ter nossa necessidade de reconhecimento atendida fora da vontade de Deus.

FALANDO SÉRIO, O QUE ESTÁ ACONTECENDO?

Lembra-se da Eva? Estudando a história dela, percebi como Satanás escolhe intencionalmente suas táticas. Ele sabe onde somos fracas. Ele deseja nos afastar de Deus. E ele sabe o que funciona... "Quando a mulher viu que a árvore parecia agradável ao paladar [cobiça da carne], era atraente aos olhos [cobiça dos olhos] e, além disso, desejável para dela se obter discernimento [a ostentação daquilo que se tem ou faz], tomou do seu fruto, comeu-o e o deu a seu marido, que comeu também" (Gênesis 3:6). Eva foi tentada exatamente igual aos três modos que a passagem de 1João nos alerta.

E isso não para por aí. Veja como Jesus foi tentado:

Então Jesus foi levado pelo Espírito ao deserto, para ser tentado pelo Diabo. Depois de jejuar quarenta dias e quarenta noites, teve fome. O tentador aproximou-se dele e disse: "Se és o Filho de Deus, manda que estas pedras se transformem em pães".

Jesus respondeu: "Está escrito: 'Nem só de pão viverá o homem, mas de toda palavra que procede da boca de Deus'".

Então o Diabo o levou à cidade santa, colocou-o na parte mais alta do templo e lhe disse: "Se és o Filho de Deus, joga-te daqui para baixo. Pois está escrito:

'Ele dará ordens a seus anjos a seu respeito, e com as mãos eles o segurarão, para que você não tropece em alguma pedra'".

Jesus lhe respondeu: "Também está escrito: 'Não ponha à prova o Senhor, o seu Deus'".

Depois, o Diabo o levou a um monte muito alto e mostrou-lhe todos os reinos do mundo e o seu esplendor. E disse-lhe: "Tudo isto te darei se te prostrares e me adorares".

Jesus lhe disse: "Retire-se, Satanás! Pois está escrito: 'Adore o Senhor, o seu Deus, e só a ele preste culto'".

Então o Diabo o deixou, e anjos vieram e o serviram. (Mateus 4:1–11).

De novo, o padrão da tentação é o mesmo:

Cobiças: Satanás apelou para os desejos físicos de Jesus por comida.

Cobiça dos olhos: O Diabo prometeu a Jesus reinos inteiros se Ele se prostrasse e adorasse o deus do materialismo.

Ostentação: O inimigo incitou Jesus a provar sua importância forçando Deus a ordenar aos anjos que o salvassem.

Aqui, contudo, está a diferença relevante entre Eva e Jesus. Eva estava cheia do objeto do seu desejo. Jesus estava cheio da verdade de Deus.

É claro, eu não estava no jardim com Eva, mas com base nas três frases de Gênesis 3:6, posso deduzir que ela nunca tirou os olhos do fruto, pois ela sabia que era *agradável ao paladar, era atraente aos olhos e desejável.* Ela não se afastou nem deu tempo a si mesma para considerar sua escolha. Ela não consultou Adão. Ela não levou em consideração a verdade com a qual Deus a instruíra claramente nem conversou com ele sobre isso. Ela focou apenas no objeto de sua obsessão.

Eva cobiçou o que focava. Consumimos aquilo que pensamos. E aquilo em que pensamos pode nos consumir se não tomarmos cuidado.

Cobiçamos o que comemos. Se eu faço escolhas saudáveis por um período de tempo, parece que meu paladar é reprogramado.

FALANDO SÉRIO, O QUE ESTÁ ACONTECENDO?

Quanto mais vegetais e frutas eu comer, mais vegetais e frutas desejo. Porém se eu comer *brownies* e batata frita, desejo *brownies* e batata frita do pior jeito possível.

Jesus estabelece um belo exemplo de como quebrar esse ciclo vicioso de ser consumida pelos desejos. É ainda mais poderoso quando entendemos que Ele estava em um estado de total privação.

Eva estava no jardim paradisíaco com todas as suas necessidades atendidas. Jesus esteve num deserto, jejuando por quarenta dias, e mesmo assim Ele aguentou firme. Ele citou a Palavra de Deus. E nós também podemos. Quando nos sentimos privadas, frustradas e consumidas pelo desejo de escolhas não saudáveis, nós também podemos confiar na Palavra de Deus para nos ajudar.

Em cada tentação, Jesus citou as Escrituras que refutavam a tentação de Satanás. A verdade é poderosa. Quanto mais cheias da verdade estivermos, mais poderosas seremos para resistir às nossas tentações. E mais naturalmente direcionaremos nossos desejos para onde eles devem ser direcionados — ao autor de toda a verdade.

As vontades. Elas são uma maldição ou uma bênção? A resposta depende daquilo que desejamos. E o que cobiçamos vai sempre depender daquilo que estamos consumindo... o objeto do nosso desejo ou Deus e sua verdade.

Considere o que significa para o sucesso da sua jornada citar as Escrituras em meio a um ataque de cobiça. Uma das passagens mais importantes que utilizei nesse processo é "Tudo é permitido, mas nem tudo convém" (1Coríntios 10:23). Recitei esse versículo várias vezes para lembrar que eu podia ter aquele *brownie* ou as batatas fritas, mas eles não iriam me beneficiar de jeito nenhum. Essa mentalidade me capacitou a fazer uma escolha benéfica em vez de me ressentir de ser privada de uma escolha não saudável. Enquanto você lê este livro, insista em escrever versículos importantes e recite-os em voz alta toda vez que o monstro alaranjado convencê-la a ficar com ele por um instante.

Sei que é uma batalha, irmã, mas não nos renderemos. Quanto mais cheias estivermos da verdade de Deus, ficamos mais poderosamente resistentes. Acompanhe meu raciocínio — isso não é um clichê evangélico. É algo que vai mudar nossa vida se assim permitirmos.

CAPÍTULO 2

Substituindo minhas vontades

Rolo na cama e olho para o relógio. Mais um dia. Desafiando toda a lógica e toda a racionalidade, saio da cama e me dispo de tudo que pode pesar, até mesmo a menor grama, enquanto vou em direção à balança. Talvez hoje seja o dia em que ela será minha amiga e não revelará meus segredos. Talvez, de alguma forma, da noite para o dia, a estrutura molecular do meu corpo tenha mudado e hoje eu magicamente pesarei menos.

Mas não. Arranco o elástico do meu rabo de cavalo — Ei, ele deve pesar um pouco — e decido me pesar de novo. Mas a balança não muda de ideia na segunda vez. Hoje ela não é minha amiga.

Prometendo agir melhor, ingerir alimentos mais saudáveis e fazer boas escolhas, fui até a cozinha só para ver minha decisão ser derretida como a cobertura nos enroladinhos de canela que minha filha acabara de tirar do forno. Nham-nham. Ah, quem se importa com o que diz a balança quando esse enroladinho transmite tanto amor e deleite.

Dois enroladinhos e meio depois, decido que amanhã será um dia melhor para manter minhas promessas de comer algo mais saudável. E já que hoje é o meu último dia para comer o que eu quiser, vou curtir o momento. "Mais um enroladinho de canela, por favor."

Na manhã seguinte, eu me viro e olho para o relógio. Mais um dia. Desafiando toda a lógica e racionalidade, saio da cama e me dispo de tudo que seria pesado, até mesmo a menor grama, enquanto vou em direção à balança. Talvez este seja o dia. Porém, mais uma vez, não é. Arranco o elástico do meu rabo de cavalo e tento de novo. Mas não.

Jurando agir melhor, comer de forma mais saudável e fazer boas escolhas, começo meu dia, apenas para me ver dando as mesmas desculpas, racionalizações e promessas para depois.

Sempre depois.

E o ciclo que passei a odiar e a sensação de impotência para interrompê-lo continuam.

Com quem vou conversar a respeito disso? Se eu admitir minhas dificuldades às minhas amigas, elas talvez tentem me cobrar da próxima vez que sairmos juntas. E se eu não estiver de bom humor para ser questionada pelos meus nachos com queijo e guacamole extra? Simplesmente responderei que vou começar a dieta na segunda-feira, e elas vão concordar. Elas não acham que preciso fazer mudanças.

Eu, no entanto, realmente preciso fazer mudanças. Eu sabia disso. Porque, na verdade, isso não se tratava da balança, mas sim da batalha que devastava meu coração. Eu pensei, desejei e organizei minha vida muito em torno da comida. Até ao ponto de saber que Deus estava me desafiando submeter isso ao seu controle. Submeter de verdade. Ao ponto de fazer mudanças radicais pelo bem da minha saúde espiritual, talvez até mesmo além da minha saúde física.

Parte da minha rendição estava me perguntando a mesma verdade nua e crua.

Posso perguntar a você a verdade nua e crua?

É possível que amemos a comida mais do que a Deus e dependamos dela mais do que dele?

Agora, antes de você jogar esse livro bem longe, ouça-me. Essa pergunta é fundamental. Eu tinha de ver o propósito da minha batalha como algo além de vestir números menores e receber elogios dos outros.

Tinha de ser algo além de mim mesma.

Tinha de ser sincera o bastante para admitir que eu dependia mais da comida do que de Deus. A comida era meu conforto. Minha recompensa. Minha alegria. Eu corria para a comida em tempos de estresse, tristeza e até em momentos de alegria.

Eu me senti uma idiota admitindo esse fato. Sentia-me como uma impostora espiritual.

Contei para algumas pessoas a respeito do assunto, e a maioria pareceu ser solidária. Mas uma mulher bem-intencionada brincou com o que as outras repetiriam nos próximos meses: "Você está fazendo desse lance de dieta uma jornada espiritual? Deus realmente se importa com nossa comida?".

Sim, acredito que Ele se importa.

Deus jamais pretendeu que desejássemos qualquer coisa mais do que desejamos a presença dele. Apenas um relance de sua Palavra prova o fato. Veja o que a Bíblia diz quando o povo escolhido de Deus, os israelitas, quiseram mais a comida do que Deus: "Deliberadamente puseram Deus à prova, exigindo o que desejavam comer" (Salmos 78:18). Uau!

E o que aconteceu com eles? Eles nunca entraram na Terra Prometida. Esse povo vagou pelo deserto por quarenta anos e, ninguém, exceto Josué e Calebe (os líderes da geração seguinte), foi autorizado a entrar na terra que manava leite e mel.

Não sei você, mas não quero vaguear por um "deserto", incapaz de adentrar na vida abundante que Deus tem para mim porque deliberadamente o pus à prova por causa de comida!

Quando comecei, sabia que essa batalha seria difícil. Porém, em meio a isso tudo, decidi fazer de Deus o meu foco. Toda vez que eu tinha vontade de comer algo que sabia que não fazia parte do meu plano, usava esse desejo como um lembrete para orar. Eu tinha muita vontade. Então, me vi orando muito.

Não se apresse no último parágrafo. Usei minhas vontades de guloseimas como um lembrete para orar. Foi minha maneira de derrubar a torre da impossibilidade diante de mim e construir algo novo. Minha torre da impossibilidade era a comida. Tijolo por tijolo, eu me imaginei desmontando a torre de comida e usando os mesmos tijolos para construir um caminho de oração, pavimentando-o para a vitória.

Essa simples visualização fez as coisas ficarem mais fáceis? Às vezes, sim. Noutras vezes, minha vontade por comida não saudável me fazia chorar. É sério, chorar. Às vezes eu acabava no chão do meu *closet*, orando com lágrimas escorrendo pelo meu rosto. E me dei permissão para chorar, assim como o salmista:

> Escuta, SENHOR, as minhas palavras, considera o meu gemer. Atenta para o meu grito de socorro, meu Rei e meu Deus, pois é a ti que imploro. De manhã ouves, SENHOR, o meu clamor; de manhã te apresento a minha oração e aguardo com esperança (Salmos 5:1-3).

Foi exatamente o que fiz.

"Senhor, quero um biscoito no café da manhã. Mas vou comer ovo pochê. Agradeço por esses ovos, mas serei honesta em dizer que minha vontade de comer outras coisas é difícil de resistir. Mas, em vez de me ressentir do que não posso comer, faço a escolha de me alegrar com aquilo que posso comer."

"Deus, são dez da manhã. E de novo estou com vontade. Quero aqueles salgadinhos que estão gritando meu nome. Mas em vez de ir até eles, estou orando. Serei sincera, não quero orar. Quero aqueles salgadinhos. Mas vou comer um punhado de amêndoas e, de tijolo em tijolo... de oração em oração... traçar um caminho para a vitória."

"Deus, é hora do almoço e todas as minhas amigas estão indo para o restaurante mexicano. Eu amo comida mexicana! Eu podia realmente justificar uma tigela cheia de nachos e guacamole neste exato momento. Entretanto, mais uma vez, estou escolhendo orar em vez de ficar presa ao meu desejo. Ajuda-me, Deus, a me sentir satisfeita com as escolhas mais saudáveis."

E foi assim que minhas orações continuaram ao longo do dia. Eu apresentava meus pedidos diante de Deus e esperava.

Então, numa manhã, finalmente aconteceu. Acordei e, pela primeira vez depois de muito tempo, me senti incrivelmente empoderada. Ainda segui a mesma rotina louca com a balança — sem roupas, sem elástico de cabelo —, e eu só subi nela uma vez. Os números ainda não haviam mudado, mas meu coração sim. Um dia de vitória tinha um gosto melhor do que qualquer comida da qual eu havia aberto mão. Eu tinha esperado muito, usando minhas orações como meu guia, e consegui.

Consegui naquele dia e no outro. E no seguinte. Por que não comemorar de uma vez por quatro dias vitoriosos seguidos? E talvez até mais um.

Não posso prometer a você que não haverá mais lágrimas. E não posso prometer que o ponteiro da balança vai retroceder tão rápido quanto você gostaria. Mas será um começo. Realmente um bom começo.

CAPÍTULO 3

Elaborando um plano

Na primavera passada, peguei um atalho por um bairro e vi de relance um homem plantando flores num jardim. Esse relance foi longo o suficiente para produzir um pensamento persistente: *Gostaria de ter um lindo jardim.*

Por anos, olhei para as flores dos outros e secretamente desejei minha própria exibição viçosa. Entretanto, o relance desse homem com suas mãos cavando fundo na terra trouxe-me uma nova revelação. *Ele tem um jardim porque investe tempo e energia para tê-lo.* Ele não desejou de forma mágica. Ele não acordou um dia e descobriu que um jardim de flores gloriosas havia surgido milagrosamente da terra.

Não.

Ele trabalhou nela. Sacrificou-se por ela. Dia após dia. Fileira por fileira. De grão em grão. Planta por planta.

Levou tempo e foi necessário comprometimento antes de ele sequer ver qualquer fruto de seu trabalho. Então, de repente, surgiu uma flor... E depois outra... E depois outra.

Eu vi as flores desse homem e desejei ter as minhas — sem a menor ideia de todo o trabalho necessário para produzi-las. Eu queria as flores, mas não queria ter qualquer trabalho.

Não é assim em muitos aspectos da vida — queremos os resultados, mas não temos vontade de trabalhar?

Além de um jardim, eu também desejava ter um corpo mais magro há anos, mas na verdade eu era negligente em mudar o que comia. Eu dispensava a disciplina necessária, citando minha idade e metabolismo, lamentando pela injustiça da minha disposição genética e blá blá blá.

A realidade é que não posso comer igual a uma adolescente atlética e depois reclamar dos pneuzinhos extras.

Ou do tamanho das minhas calças.

Ou das pelancas dos meus braços que balançam quando eu os levanto.

Não posso desejar que as flores apareçam, assim como não posso desejar que a gordura desapareça. Eu sabia que precisava de um plano. Algo além da frase "Vou começar a dieta na segunda-feira (de novo)".

Eu tinha uma amiga que havia encontrado uma nutricionista de quem ela gostava muito. Ela controlou os problemas, perdeu peso, manteve o peso atual e teve a sensação empoderadora do sucesso. No dia da minha primeira consulta com a mesma nutricionista, sentei-me no meu carro e ri da minha escolha para uma última refeição — aquela antes de fazer mudanças.

Olhei para o prato de papel. Minutos antes, havia uma pilha enorme de fatias de uma pizza barata. Pizza barata e de caixinha era a minha preferida na infância. A quem estou enganando? Também era a minha preferida na vida adulta. E se minha escolha alimentar por si só não selou o acordo de que mudanças precisavam ser feitas, meu próximo passo certamente o fez.

Cheguei até a lamber o prato.

Isso mesmo. Se aquela seria a última vez que eu desfrutaria daquela iguaria, com certeza eu não deixaria uma gota de molho no prato. Nem uma gota sequer.

Dentro do consultório da nutricionista, fui informada que estava acima do peso. Isso não era novidade para mim. Eu

ELABORANDO UM PLANO

havia aumentado dois números no tamanho da minha calça ao longo do ano passado e agora até minha calça mais larga não estava servindo.

Alguma coisa tinha de mudar.

Alguém tinha de aprender a disciplina de abrir mão de algumas coisas. E essas "coisas" eram as más escolhas alimentares que estavam sabotando meu corpo, minha energia mental e meu espírito.

A comida tinha se tornado uma droga. E sinceramente, é uma droga oportuna para uma mulher cristã. Todos os eventos da igreja que eu frequentava ofereciam ao ar livre minha droga sem hesitação ou julgamento.

Eu estava comendo muito dos tipos errados de alimentos e me sentia presa em um ciclo de fome. Eu sentia fome o tempo todo e dependia da comida para ter conforto. Eu queria comer o que quisesse, quando quisesse, na quantidade que quisesse. Então, embora eu fizesse atividade física, minhas escolhas alimentares me prendiam e meu efeito sanfona revelava todos os meus segredos.

Essa é a bênção e a maldição dos problemas com a comida. Minhas más escolhas vão me dedurar todas as vezes — ou minha cintura, ou meu nível de energia, ou meu bem-estar geral.

Saí do consultório da nutricionista com um plano. Sob sua supervisão e com uma pesagem semanal para prestar contas, me senti empoderada pela primeira vez em muito tempo.

O plano que escolhi era rigoroso e restritivo. Sabia em meu coração que tinha de ser assim. Tinha de quebrar os ciclos viciosos aos quais meu paladar estava preso. Eu tinha de treinar meu corpo para não sentir fome o tempo todo. Eu tinha de manter meu nível de açúcar no sangue sob controle.

O plano de alimentação saudável que adotei na época e mantenho até hoje é um plano equilibrado, à base de proteínas e de carboidratos. Aprendi o tamanho certo das porções, a combinação de alimentos, quando comer e o que comer. Ainda ingiro carboidratos, mas limito a quantidade e o tipo. Não como a maioria dos pães, batatas, arroz, milho, macarrão ou outras coisas com amido. Sobretudo, consumo carnes com baixo teor de gordura, vegetais e frutas.

Tenho algo engraçado para compartilhar a respeito do plano alimentar saudável que escolhi. Basicamente, consumo o que um animal silvestre come — carne e produtos que naturalmente brotam do solo. Somente eu cozinho minha comida e gosto desse método. Fiquei imediatamente empolgada com as possibilidades desse plano porque ainda não vi um animal obeso na natureza lamentando pelo excesso de celulite.

Pense nisso.

Não estou dizendo que esse deve ser o seu plano. (Você precisa pesquisar, consultar seu médico e criar um plano saudável e realista para *sua* vida diária). Estou dizendo que esse é o *meu* plano e, acredite ou não, comecei a amá-lo. Perceba que escrevi "comecei a amá-lo". Não vou negar que houve alguns dias dificílimos.

Meu plano é prático para mim porque os alimentos que consumo são coisas que posso comprar no supermercado e porque minha família pode comer o que como na maioria das vezes. No entanto, esses alimentos geralmente têm amidos que eu evito.

Essa jornada vai exigir que você faça alguns sacrifícios difíceis, mas passei a ver esse processo como uma forma de adotar escolhas saudáveis, em vez de negar a mim mesma. Há lições a serem aprendidas e pontos de vista a serem adquiridos na hora de adotar as escolhas saudáveis. Não serão apenas aprendizados para o físico. As lições mentais e espirituais aprendidas nesse período serão exatamente o que vai capacitar você no longo prazo e manter você, leitora, florescendo saudável, igual ao jardim daquele homem.

E por falar em jardins, não espere flores recém-colhidas do meu jardim. Isso ainda é apenas um desejo.

Uma mulher não pode fazer tudo, não é mesmo?

CAPÍTULO 4

Amiga de verdade não deixa a outra comer antes de refletir

Stop, *in the name of love, before you break my heart. Think it over.* [Pare, em nome do amor, antes de você partir meu coração. Pense nisso].

Quem teria pensado que essa música clássica das Supremes poderia ser aplicada a muito mais do que uma namorada alertando seu namorado rebelde? Na melodia está uma frase poderosa: "Pense nisso".

Eu me pergunto quantas escolhas ruins e consequências severas poderiam ter sido evitadas se essa frase de duas palavras tivesse sido aplicada.

Às vezes, podemos reunir o bom senso de refletir por conta própria e redirecionar nossos passos para longe da ladeira escorregadia do compromisso. Mas, na maioria das vezes, precisamos das medidas de prestação de contas.

Para mim, uma das medidas de prestação de contas mais eficaz tem sido o acompanhamento mútuo do progresso com as amigas. Tenho uma amiga que começou antes de mim e que tem sido uma fonte inestimável de encorajamento e visão.

Ela se inclinou sobre a mesa um dia e disse: "Lysa, se você seguir esse plano de alimentação saudável, vai dar certo". Agarrei-me a essa afirmação quando tive um pequeno colapso.

Nas primeiras três semanas do meu novo plano alimentar, as coisas correram bem. Eu só lutei com a fome nos primeiros dez dias. No início da quarta semana, acho que meu corpo passou por uma abstinência de açúcar. E não era brincadeira.

SEGUNDA EU RECOMEÇO!

Todo meu organismo estava fora de sintonia. Eu senti como se estivesse gripada em um dia, com alergias severas no dia seguinte e depois com problemas estomacais por uma semana. Definitivamente, era meu pequeno ego irritado, exigindo que eu desse um pouco de AÇÚCAR ao meu corpo AGORA!

Senti-me horrível. Mal podia fazer atividade física. Tive de tirar uma soneca — e se você me conhece de verdade, sabe como isso é chocante! Parte de mim estava pronta para jogar a toalha, ir para o corredor de doces no supermercado e perguntar se alguém sabia como fazer uma transfusão de leite condensado entre mim e a mulher do Leite Moça.

Devemos estar cientes de que o desespero gera desconexão. Ou seja, quando o que falta na vida vai da irritação à ansiedade, corremos o risco de nos comprometer de uma forma que nunca pensamos que nos comprometeríamos.

Acho interessante que um versículo que muitas de nós conhecemos e citamos — como o diabo anda por aí como um leão que ruge procurando alguém para devorar — está bem no final de uma passagem que diz: "Lancem sobre ele toda a sua ansiedade, porque ele tem cuidado de vocês. Estejam alertas e vigiem" (1Pedro 5:7,8).

Entenda, quando estamos determinadas a ser saudáveis, teremos de abrir mão de certas coisas e mudar nossos hábitos. Agir dessa forma deixa a gente ansiosa. É por isso que precisamos de amigas que nos ajudem a lembrar que abrir mão no curto prazo vai nos ajudar a alcançarmos o que desejamos de verdade no longo prazo. Se esquecermos de ter autocontrole e de ficarmos alertas, somos os alvos principais para que Satanás nos conduza imediatamente para bem longe dos novos padrões que estabelecemos em nossa vida. Isso é degradação.

Pois é, o desespero gera a degradação.

Um indivíduo que acha que jamais vai furtar entra em um aperto financeiro e de repente se encontra furtando dinheiro do caixa no trabalho.

Uma pessoa que acha que nunca faria sexo antes do casamento sente-se fisicamente pressionada por alguém de quem ela desesperadamente deseja receber amor e subitamente termina com ele na cama.

Alguém comprometida a ficar saudável se esquece de embrulhar para viagem seus lanches *fitness* e, de repente, sente uma urgência de correr para as máquinas de venda automática e pegar uma barra de chocolate só dessa vez.

Fique alerta e vigilante, minha irmã. Saiba que esses são os esquemas que o Diabo arquitetou para desviar você dos seus compromissos. Encontre uma amiga que pode colocar um pouco de racionalidade em seus impulsos irracionais. Uma amiga que fará você prestar contas, falar a verdade em amor e orar por você.

Veja, na história de Esaú, o grande exemplo de como o desespero gera a degradação no Antigo Testamento. Esaú, o primogênito de gêmeos, era um caçador habilidoso, enquanto que o caçula, Jacó, era mais caseiro. As Escrituras relatam:

> Certa vez, quando Jacó preparava um ensopado, Esaú chegou faminto, voltando do campo, e pediu-lhe: "Dê-me um pouco desse ensopado vermelho aí. Estou faminto!" Por isso também foi chamado Edom.
>
> Respondeu-lhe Jacó: "Venda-me primeiro o seu direito de filho mais velho". Disse Esaú: "Estou quase morrendo. De que me vale esse direito?".
>
> Jacó, porém, insistiu: "Jure primeiro". Ele fez um juramento, vendendo o seu direito de filho mais velho a Jacó.

Então Jacó serviu a Esaú pão com ensopado de lentilhas. Ele comeu e bebeu, levantou-se e se foi. Assim Esaú desprezou o seu direito de filho mais velho. (Gênesis 25:29-34).

O que me impressiona nessa história é do quanto Esaú abriu mão por apenas alguns momentos de satisfação física. Ele sacrificou o que era bom no longo prazo por aquilo que achava bom no curto prazo. Ele abriu mão de quem ele era num momento de desespero.

Se um amigo fiel de Esaú tivesse ouvido esse diálogo com Jacó, com certeza ele teria dito umas palavras sensatas para frear os impulsos irracionais.

É o que minha amiga foi para mim — uma voz de razão, estabilidade e lógica. Enquanto ela se apegava às suas promessas, eu chorei. Chorei *lágrimas,* pessoal — grandes lágrimas pela falta de açúcar e de guloseimas salgadas e pela satisfação momentânea que essas coisas me proporcionavam. Depois de ter ligado para ela, eu me deitei no chão do banheiro e implorei a Deus por socorro. Dizer que eu me sentia miserável seria um eufemismo. Mas se ela conseguiu atravessar seus dias de abstinência, eu também conseguiria.

Então, no dia seguinte do meu pior dia, todos os meus sintomas desapareceram. De repente, senti-me ótima. Meu corpo estava forte, minhas emoções estavam estáveis e meu nível de energia estava altíssimo. Bem como minha amiga disse que aconteceria.

Impressionante.

Perseverar em meio ao meu colapso levou-me a um lugar maravilhoso de progresso, e subitamente comecei a ver os resultados reais. Era tão bom não ter medo de se vestir de manhã. Era uma grande vantagem usar roupas que realmente servissem. Tudo bem que elas ainda eram minhas roupas tamanho GG, mas poder vesti-las com conforto e facilidade foi um grande passo na direção certa.

Também foi fundamental prestar contas para uma outra amiga, Holly, que começou esse plano de alimentação saudável ao mesmo tempo que eu. Ambas sabíamos que seria difícil, então nos comprometemos a orar e também prestar satisfações uma à outra. Todos os dias conversávamos sobre o que iríamos comer. Depois, semanalmente, dizíamos nossos pesos uma à outra. Conversávamos sobre cada dificuldade, cada tentação que parecia ser tão desgastante, cada passo, tanto bom quanto ruim.

Saber que não poderia esconder de Holly pequenas trapaças aqui e acolá me impediu de escorregar. Não suportava a ideia de ter de contar a ela que eu havia estragado tudo — então eu não saía da linha. Nosso lema passou a ser: "Se não faz parte do nosso plano, não colocamos na boca".

Se você não tem uma amiga que não está disposta a percorrer essa jornada de mudar seus hábitos alimentares com você, não se sinta desencorajada. Seja sincera com ela sobre suas dificuldades e peça-lhe para se comprometer a orar fervorosamente por e com você. Sinceramente, eu *nunca, jamais* pensei que poderia realmente abrir mão de comer pão, macarrão, arroz, batatas e açúcar. Mas ver o sucesso de amigas que estavam adiantadas e saber que tinha alguém disposta a se sacrificar comigo permitiram ao meu cérebro parar — em nome do amor — e refletir sobre o assunto.

Embora você deva encontrar uma amiga para fazer um plano de alimentação saudável com você ou alguém que ore por você, deixe-me ser aquela voz que nos alcança em meio às suas dúvidas para dizer: "Se seguir o plano de alimentação saudável que escolheu, vai dar certo e com certeza vai valer a pena". E quando você tiver problemas com a tentação, lembre-se de "parar em nome do amor". Deixe que seu amor por suas amigas que estão ao seu lado e seu amor pelo Senhor, que deseja que você o honre no modo como trata seu corpo, façam você refletir sobretudo isso.

Então, você está pronta? Tenha tempo para considerar em oração o plano de alimentação saudável certo para você. Converse com suas amigas para ver quem está disposta a se unir com você. E então comece a caminhar rumo à vida saudável que lhe é possível.

CAPÍTULO 5

Criada para um estilo de vida bem melhor

Quando eu estava no último ano do Ensino Médio, fui convidada a ir a uma festa da república feminina de estudantes por uma amiga que havia se formado um ano antes de mim.

A palavra *legal* sequer descrevia o que senti enquanto eu e minhas sandálias rosa chiclete entrávamos naquela festa. Ao final da noite, minha amiga e eu estávamos rindo por causa da atenção que era nos dada por dois bonitões da faculdade. À medida que a festa se aproximava do fim, eles nos convidaram para irmos até a casa deles.

Parte de mim estava tão lisonjeada, eu queria ir. Mas a maior parte do meu ser não queria. Mas fizemos os planos e antes mesmo de percebermos estávamos entrando no carro deles e saindo. Eu não era cristã nessa fase da minha vida. Nem um pouquinho. E certamente não posso dizer que já ouvi Deus falar comigo audivelmente, porém, em meio a essa situação, eu ouvi de certa forma.

Esta não é você, Lysa. Você foi criada para um estilo de vida bem melhor que esse. Verdade. A dádiva da verdade. Colocada bem dentro de mim quando Deus me recompôs. Um pouco de juízo foi colocado na minha cabeça na hora certa.

Acabei dando uma desculpa para uma saída pela tangente e voltei para o meu carro sozinha naquela noite. Eu me culpei por agir como uma colegial imatura, que não conseguia lidar com o fato de ser uma baladeira da faculdade. Mas, olhando para trás, quero subir em uma cadeira e aplaudir o meu eu do Ensino Médio!

Houve outras épocas dos meus anos de amadurecimento em que ouvi essa verdade em alto e bom som em minha alma e, infelizmente, recusei-me a obedecê-la. Esses foram os anos mais sombrios da minha vida. Não fui feita para viver uma vida que desonra a Deus.

Nenhuma de nós foi.

Eu criei você para um estilo de vida bem melhor que esse, Lysa. Eu criei você para uma vida bem melhor. Lembrei-me disso principalmente naquelas primeiras semanas da minha aventura do meu novo plano alimentar saudável, quando era tentada por um milhão de ataques ao meu paladar privado de açúcar. Somente repeti mentalmente... *Criada para uma vida melhor... Criada para uma vida melhor.*

Que grande verdade para todas nós. Que grande verdade para usarmos enquanto replanejamos os "tenho que" que surgem em nossa mente toda vez que somos tentadas. Replanejar os "tenho que" é um dos passos mais fundamentais em direção ao progresso completo. Temos que reescrever as desculpas, as racionalizações, as cláusulas de escape do tipo "amanhã farei melhor", ao adquirirmos o hábito de dizer outras coisas. E a primeira delas é "criada para uma vida melhor". Dentro dessa verdade está uma sabedoria e uma revelação que destravam um poder enorme disponível para todas as cristãs.

E não é esse poder que as mulheres em busca de mudanças saudáveis na vida realmente precisam? Precisamos de um poder além de nossas tentativas e decisões frágeis. Um poder maior do que nosso paladar, nossos hormônios, nossas tentações e nossa demanda feminina inata por chocolate.

Leia o que o apóstolo Paulo escreve sobre esse poder impressionante disponível para nós, e veja as frases com ênfases, as quais vamos analisar neste momento:

> *Peço que* o Deus de nosso Senhor Jesus Cristo, o *glorioso Pai*, dê a vocês espírito de sabedoria e de revelação, *no pleno conhecimento dele*. Oro também para que os olhos do coração de vocês sejam iluminados, a fim de que vocês conheçam a esperança para a qual ele os chamou, as riquezas da gloriosa herança dele nos santos e *a incomparável grandeza do seu poder para conosco*, os que cremos, conforme a atuação da sua poderosa força (Efésios 1:17-19, ênfase da autora).

Agora percebo que é difícil pegar uma passagem como essa, aplicá-la a um pedaço decadente de bolo de chocolate e instantaneamente ser capaz de resistir a ele. Mas se considerarmos essa passagem e praticar sua verdade, é impressionante o quanto seremos empoderadas. Então, vamos dar uma olhada em algumas palavras-chave e frases.

Seja persistente: "Peço que"

Devemos pedir a Deus para se unir conosco nessa jornada. E isso não será um exercício único. Paulo pediu várias vezes por sabedoria. E nós também devemos pedir. Precisamos pedir pela sabedoria, revelação e pelo poder de intervenção divinos para serem partes integrantes de nossas escolhas alimentares de agora em diante.

Por que não fazer disso uma oração diária — a primeira tarefa da manhã — antes de comermos qualquer coisa? "Deus, reconheço que fui criada para uma vida melhor do que o ciclo vicioso de ser controlada pela comida. Preciso comer para viver, e não viver para comer. Então, continuo pedindo tua sabedoria para saber o que comer e teu poder para me afastar de alimentos que não são benéficos para mim."

Aceite uma identidade verdadeira: "Glorioso Pai"

A expressão "glorioso Pai" aponta para nosso relacionamento com Deus e responde a pergunta: "Por que fomos criadas para um estilo de vida bem melhor?". Porque somos filhas de Deus. Por anos eu me identifiquei não pelo meu relacionamento com Ele, mas pelas minhas circunstâncias. Eu era...

Lysa, a jovem *destruída* de um lar destruído. Lysa, a menina *rejeitada* pelo seu pai.

Lysa, a menina *sexualmente abusada* pela figura do avô paterno.

Lysa, a menina que *se afastou de Deus* após a morte de sua irmã.

Lysa, a mulher que *fez um aborto* após uma série de relacionamentos ruins.

Então, um dia, li a lista de coisas que Deus diz que eu sou. Que contraste chocante com o modo que eu me via! Finalmente percebi que não precisava ser definida pelas circunstâncias. Ao contrário, eu podia viver a realidade do que meu glorioso Pai diz que eu sou:

Lysa, a filha *justificada* por Deus. (Romanos 3:24)

Lysa, a filha *liberta* por Deus. (Romanos 8:1,2)

Lysa, aquela que *se tornou* filha de Deus (João 1:12)

CRIADA PARA UM ESTILO DE VIDA BEM MELHOR

Lysa, a filha *justificada, santificada e redimida* por Deus (1Coríntios 1:30)

Lysa, a filha que é *nova criação* de Deus. (2Coríntios 5:17)

Lysa, a filha *amada* por Deus. (Efésios 1:5)

Lysa, a filha que tem *livre acesso a Deus em confiança.* (Efésios 3:12)

Lysa, a filha *mais que vencedora* de Deus. (Romanos 8:37)

Eu fui criada para ser livre — santa, nova criatura, amada e confiante. Por isso, não posso me permitir participar de nada que negue minha verdadeira identidade. Seja um relacionamento em que alguém me faz me sentir menos do que minha verdadeira identidade, seja um ciclo vicioso de comida que faz eume sentir derrotada e aprisionada, devo lembrar que fui criada para uma vida melhor.

Em busca da razão mais profunda: "No pleno conhecimento dele"

Você entendeu o motivo real de aceitar nossa verdadeira identidade? Não é apenas para nos sentirmos bem ou fazermos escolhas alimentares mais saudáveis. Nem sequer para nos ajudar a viver como filhas vitoriosas de Deus. E, certamente, não é assim que podemos vestir uma calça jeans menor e perder os pneuzinhos, embora tudo isso se trate de benefícios maravilhosos.

O motivo real é ter "pleno conhecimento dele". Há um propósito mais profundo por trás de nosso compromisso disciplinado. Fazer essa conexão — entre ser criada para um estilo de vida melhor e ter pleno conhecimento de Deus — ajuda toda essa aventura a ser menos sobre comida e escolhas de estilo de vida e mais sobre aceitar e dar uma chance de conexões profundas e maravilhosas com Deus.

Descubra um poder e uma esperança inigualáveis: "Os olhos do coração de vocês sejam iluminados"

Iluminado significa literalmente "que recebe ou recebeu luz ou iluminação".[2] Ou seja, o apóstolo Paulo pediu que essa luz seja derramada em nosso coração para que possamos reconhecer mais claramente o poder e a esperança disponíveis para nós.

Fomos criadas pelo mesmo poder e esperança que ressuscitaram Cristo dos mortos. Lemos Efésios 1:17-19, mas agora vamos conferir os versículos posteriores: "[...] A incomparável grandeza do seu poder para conosco, os que cremos, conforme a atuação da sua poderosa força. Esse poder ele exerceu em Cristo, ressuscitando-o dos mortos e fazendo-o assentar-se à sua direita, nas regiões celestiais" (v. 19,20). Esse poder está disponível para nós! O mesmo poder que ressuscitou Jesus dos mortos! Pode não parecer que temos esse poder, mas nós temos — você tem. E oro para que cada vez que você proclamar "Fui criada para um estilo de vida melhor", todas as verdades poderosas contidas nessa declaração invadam seu coração.

Fomos criadas para viver além das desculpas e dos ciclos viciosos. Podemos sentir o gosto do sucesso. Vivenciar a verdade. Escolher ficar no caminho da perseverança. Construir o sucesso em etapas. E nossos hábitos alimentares podem ser totalmente transformados à medida que vivemos com esperança e poder incomparável.

CAPÍTULO 6

Aproximando-se de Deus

Certa vez eu estava em uma conferência fazendo uma sessão de perguntas e respostas quando alguém perguntou: "Como se aproximar de Deus?".

Que ótima pergunta! Algumas repostas possíveis turbilhonavam em minha mente. Finalmente respondi: "Escolhendo negar a si mesma algo que é permitido, mas não é benéfico. E fazer esse sacrifício intencional pelo único propósito de se aproximar de Deus. Afinal de contas, o próprio Jesus disse: 'Se alguém quiser acompanhar-me, negue-se a si mesmo, tome diariamente a sua cruz e siga-me'" (Lucas 9:23).

Por exemplo, compartilhei como sacrificava intencionalmente o açúcar e alimentos processados que, uma vez consumidos, se transformam em açúcar no meu corpo. Pois é, eu estava fazendo isso para ficar saudável. Mas a razão mais profunda em escolher me purificar era me aproximar de Deus.

Minha resposta foi real, sincera e honesta. Talvez um pouquinho honesta demais. As mulheres na plateia ficaram boquiabertas quando eu disse que estava em uma fase de abrir mão do açúcar. Dois segundos depois, uma participante da conferência pegou o microfone da plateia e deixou escapar essa pérola: "Bem, se Jesus chamou a si mesmo de pão da vida, não consigo ver como o açúcar e os carboidratos processados são ruins!".

A plateia deu uma gargalhada.

Eu dei um sorriso amarelo, mas me senti menor do que uma reles pulga.

Elas não entenderam.

Ou talvez eu não tenha entendido. Eu era apenas uma mulher tola, uma discípula de Jesus que erroneamente acreditou que seus desejos em agradá-lo com esta batalha alimentar de alguma forma a ajudariam a se aproximar dele?

Sim, eu quero perder peso. Mas essa jornada de fato se trata de aprender a dizer não a mim mesma e fazer escolhas mais sábias diariamente. E, de certa forma, tornar-me uma mulher autodisciplinada honra a Deus e ajuda-me a viver a característica piedosa do autocontrole, que está entre os frutos do Espírito (a evidência de que o Espírito de Deus habita em você) listados em Gálatas 5:22,23. Por fim, a busca pelo domínio próprio ajuda muito meu coração a se sentir mais puro e mais perto de Jesus para receber o que Ele quer para mim a cada dia... em vez de ficar presa em sentimentos de culpa a respeito das minhas más escolhas.

Mas ter domínio próprio é difícil. Não gostamos de renunciar. Achamos que não é necessário. Damos desculpas e dizemos: "Isso é bom para você, mas eu jamais abriria mão disso". E se estamos confiando em nós mesmas, isso é verdade. Mas há outro nível de domínio próprio que poucas de nós encontramos.

Antes de o apóstolo Paulo citar os frutos do Espírito em sua carta para as igrejas na Galácia, ele falou a respeito de um poder disponível para nós que vai além do domínio próprio. "Por isso digo: *Vivam pelo Espírito*, e de modo nenhum satisfarão os desejos da carne" (Gálatas 5:16, ênfase da autora). Ou seja, viver com a disposição de se afastar quando o Espírito Santo incomoda você e diz: "Essa escolha alimentar é permitida, mas não faz bem — então não a coma".

Não é *pecaminosa* — por favor, ouça-me bem. A comida não é pecaminosa. Mas quando a comida é o que Satanás coloca na

APROXIMANDO-SE DE DEUS

nossa frente e diz: "Você jamais será livre dessa batalha. Você não é capaz de ter domínio próprio com a comida", devemos entender que é seu consumo inapropriado que pode ser a isca para levar nosso coração a um lugar de derrota. Para outras pessoas, será o sexo fora do casamento, o consumo inapropriado do álcool, drogas ilícitas, ou outros meios de satisfação física.

A pergunta óbvia, então, é como podemos sintonizar com esses incômodos vindos do Espírito Santo? Como podemos "viver pelo Espírito"?

Primeiro, temos de saber onde o Espírito habita e o que Ele nos dá. Se conhecemos Jesus como nosso Salvador pessoal, a Bíblia ensina que temos o Espírito Santo habitando em nós (Romanos 8:11), derramando em nossa vida o poder que está além daquilo que podíamos ter por conta própria.

Agora, como vivemos e ouvimos sua voz sábia e cautelosa? Aqui está o que o apóstolo Paulo disse: "Se vivemos pelo Espírito, andemos também pelo Espírito" (Gálatas 5:25). Ou seja, lemos a Bíblia com a intenção de praticar o que lemos enquanto pedimos ao Espírito Santo para nos direcionar a saber como agir.

Sempre faço esta oração: "Preciso de sabedoria para fazer escolhas sábias. Preciso de entendimento para me lembrar das palavras que já li nas Escrituras. Preciso do poder que está além daquilo que posso ter por conta própria". Não é uma oração mágica. Ainda tenho de fazer a escolha de me afastar da fonte da minha tentação.

E fazer essa escolha é, às vezes, muito difícil, não vou negar.

Como quando estou na fila do Starbucks. A barista anota meu pedido e então estende sua mão igual a uma varinha sedutora, direcionando minha atenção para um balcão cheio de delícias que fazem o paladar de uma mulher dançar de alegria. Dançar pra valer! Como rumba, tango e um passinho rápido de uma vez só. Meu paladar dança enquanto implora feito uma criança no corredor de doces do supermercado.

"Gostaria de algo mais para acompanhar seu café?", ela pergunta.

É claro que eu gostaria — dois ou três "algo mais". E vou ser totalmente sincera, é em momentos como esse que quero pedir que Eva esclareça algo simples. Por favor, diga-me que o significado de alguma palavra se perdeu na tradução da Bíblia e o que realmente estava pendurado naquele galho de árvore todos aqueles anos atrás eram guloseimas como essa. É apenas minha opinião.

Enfim. Como eu disse, não é fácil. Não é fácil depender do Espírito Santo para nos direcionar às escolhas sábias. Não é fácil se desafiar a viver uma vida na qual colocamos as Escrituras em prática, sobretudo as passagens sobre domínio próprio.

Não é fácil, mas *é* possível.

Servimos a um Deus compassivo. A um Deus que sabe que a comida seria uma grande pedra de tropeço em nossa total busca por Ele. Então Ele nos deu grandes dons pelo Espírito Santo, por Jesus e pela Bíblia para nos auxiliar.

Vamos analisar dois grandes aspectos da fé que Deus nos alerta que não devem ser ofuscados pela comida: nosso chamado e compromisso.

Nosso chamado

Quando nos sentirmos derrotadas por um problema, isso pode fazer com que nos sintamos incapazes de seguir a Deus por completo. Às vezes, isso me assombra e faz eu me sentir insegura em meu ministério de mulheres. Você já se sentiu desse jeito em sua batalha contra a comida? Aposto que jamais sonhou que a história da mulher samaritana poderia incentivar você.

Bem no meio de uma das mais longas interações registradas que Jesus teve com uma mulher, Ele começou a falar sobre comida. Comida! E eu nunca tinha percebido isso! De certo modo, em todos os meus contatos com sua história ao longo dos anos, eu não percebi o ensinamento fundamental de Jesus que o alimento espiritual é até mais importante do que o alimento terreno. Disse Jesus: "A minha comida é fazer a vontade daquele que me enviou e concluir a sua obra" (João 4:34). Depois Ele disse: "Abram os olhos e vejam os campos! Eles estão maduros para a colheita" (v. 35).

Há um plano maior bem aqui! Não seja distraída pelo alimento terreno! Não pense que o alimento terreno pode satisfazer o anseio da sua alma! Só Jesus pode satisfazer. Nossa alma foi criada para almejá-lo e amar o próximo por Ele. Veja, há muita gente esperando ouvir a mensagem do seu chamado. Não hesite nem permita que a derrota impeça você.

O alimento pode encher nosso estômago, mas jamais nossa alma. Os bens materiais podem encher nossa casa, mas nunca nosso coração. O sexo pode preencher nossa noite, mas nunca nossa fome de amor. Os filhos podem preencher nossos dias, mas nunca nossa identidade. Somente ser cheia do alimento espiritual verdadeiro de Jesus — segui-lo e falar para os outros sobre Ele — fará nossa alma ficar totalmente satisfeita. E se libertar das ideias de consumo de alimentos permite que nós vejamos e busquemos nosso chamado com mais confiança e clareza.

Nosso compromisso

Eu amo Deus. Tenho amado Deus há muito tempo. Mas Deus levou um bom tempo para chamar minha atenção sobre meus problemas alimentares. Uma das maneiras que Ele usou para

SEGUNDA EU RECOMEÇO!

isso foi ressaltar tópicos na Bíblia que eu jamais havia percebido antes.

Filipenses geralmente é conhecido como o livro da alegria. Essa parte das Escrituras tem um começo bem fácil:

> "[...] uma coisa faço: esquecendo-me das coisas que ficaram para trás e avançando para as que estão adiante, prossigo para o alvo, a fim de ganhar o prêmio do chamado celestial de Deus em Cristo Jesus.
>
> Todos nós que alcançamos a maturidade devemos ver as coisas dessa forma, e, se em algum aspecto, vocês pensam de modo diferente, isso também Deus esclarecerá. Tão somente vivamos de acordo com o que já alcançamos" (3:13-16).

Eu amo esses versículos. Quero esquecer as coisas que ficaram para trás! Quero avançar para as que estão adiante! Quero ganhar o prêmio! Alcançar a maturidade! Então, aplaudimos no final dessa mensagem e prometemos ganhar alguns prêmios para Jesus.

Mas, ei, espere. Não saia da aula ainda. Se olharmos um pouquinho mais adiante nesse capítulo, encontraremos um versículo revelador sobre a comida:

> Pois, como já disse repetidas vezes, e agora repito com lágrimas, há muitos que vivem como inimigos da cruz de Cristo. O destino deles é a perdição, o seu deus é o estômago, e eles têm orgulho do que é vergonhoso; só pensam nas coisas terrenas (v. 18,19).

Oh, minha querida. Essas são algumas palavras dolorosas, tipo aquela dor que sentimos quando batemos o dedo mindinho do pé na quina de algum móvel. São palavras que não nos fazem propriamente ter vontade de ficar em pé e aplaudir. Mas elas estão lá e devemos prestar atenção. Quando o apóstolo Paulo disse "o seu deus é o estômago", ele quis dizer que a comida pode nos consumir a ponto de sermos dominados por ela. Para deixar tudo mais prático, se acharmos que certos tipos de alimentos são impossíveis de evitar — quando não podemos ou não queremos renunciar às escolhas não saudáveis —, então esse é um indício de que estamos sendo dominadas pela comida em certo nível. Ser dominada por um aspecto que não seja Deus diminui nosso compromisso e faz com que nos sintamos progressivamente distante do Senhor.

Ser dominada por qualquer aspecto que não seja Deus é um assunto que o Senhor leva muito a sério. E nós também devemos levar. Não quero viver como uma inimiga da cruz de Cristo. Não quero viver resistente ao poder que a morte e a ressurreição de Cristo concedem só porque não consigo me afastar das minhas vontades de comer guloseimas.

Felizmente, as palavras de Paulo aos Filipenses não terminam no versículo 19. Aqui estão as boas-novas:

> A nossa cidadania, porém, está nos céus, de onde esperamos ansiosamente o Salvador, o Senhor Jesus Cristo. Pelo poder que o capacita a colocar todas as coisas debaixo do seu domínio, ele transformará os nossos corpos humilhados, tornando-os semelhantes ao seu corpo glorioso (v. 20,21).

Agora posso aplaudir de novo. Quero que seu poder me ajude a colocar tudo — *tudo* — sob seu controle. Quero que meu corpo humilhado seja transformado. Quero estar no processo de me tornar cada vez mais parecida com Jesu, pois isso reestabelece que Deus, e não a comida, tem o controle da minha vida. Também me ajuda a me manter firme no meu compromisso com Ele.

Essa jornada de alimentação saudável, então, é realmente algo que pode nos ajudar a nos aproximar de Deus?

Sim, acredito que sim. Mantenho a resposta que dei na conferência daquele dia. E embora renunciar intencionalmente a uma alimentação não saudável provavelmente não seja o caminho mais popular para me aproximar de Deus, ainda assim é um caminho. Uma jornada espiritual emocionante, difícil, prática, corajosa e satisfatória e com grandes benefícios físicos.

CAPÍTULO 7

Não ser definida pelos números

Alguns anos atrás eu estava em uma aula de ginástica quando a garota ao meu lado inclinou-se e começou a me contar que ela havia passado o fim de semana com a irmã. Elas se divertiram muito, mas ela voltou preocupada. Parece que a irmã dela havia ganhado uns quilinhos a mais. Eu estava metade ouvindo e metade me esforçando para calar meu estômago que gritava. De repente, prestei atenção quando ela brincou: "Quero dizer, mal posso acreditar. Acho que agora minha irmã pesa uns 68 quilos".

Eu não sabia se dava uma gargalhada ou se mantinha meu segredo cômico para mim. O peso escandaloso que horrorizou minha amiga de academia era o número exato que havia me recepcionado naquela manhã na balança.

Nesse momento, o instrutor da academia nos orientou a pegar nossas cordas de pular, o que encerrou abruptamente a conversa. Mas, pelo restante da aula, não consegui tirar o sorriso do rosto. Naquele momento, tive uma pequena vitória sobre uma distorção de identidade contra a qual lutara por muito tempo.

Como muitas mulheres, lutei com uma percepção distorcida de mim mesma. Meu critério de identidade e valor dependiam dos fatores errados — minhas circunstâncias, meu peso, se eu gritei com as crianças naquele dia ou o que os outros pensavam de mim. Se eu sentisse que não estava à altura, entrava no modo de fuga ou no modo de correção. O modo de fuga me

SEGUNDA EU RECOMEÇO!

fazia recuar dos relacionamentos, temendo o julgamento dos outros. Ergui um muro em meu coração para afastar as pessoas. O modo de correção me fez analisar demais cada palavra e expressão dos outros, procurando maneiras de manipular suas opiniões para serem mais favoráveis ao meu respeito.

Ambos são modos bem loucos de se ativar.

Fiquei muito feliz ao perceber que a declaração da minha colega de academia não havia me abalado. Eu não estava no meu peso ideal, mas estava investindo sabiamente em minha saúde e crescimento espiritual. Eu vinha preenchendo diligentemente meu coração e minha mente com as verdades de Deus, e elas estavam me protegendo. Nesse momento, pude sentir o Espírito Santo me enchendo com tranquilidade. E foi absolutamente ótimo dizer a mim mesma: "Sessenta e oito quilos não é onde eu quero estar, mas é melhor do que nada. É uma evidência de progresso — e isso é bom!".

Tive uma vaga lembrança de alguns versículos que marquei recentemente em minha Bíblia. Depois eu os procurei e, embora Deus estivesse claramente falando a um governante que talvez tivesse lutas bem diferentes das minhas, achei as palavras incrivelmente reconfortantes. Aqui está o que ouvi Deus me dizer por meio das palavras que Ele falou para Isaías:

> "Eu irei adiante de você..." *Eu [Deus] sabia que esse comentário seria feito na aula de ginástica hoje de manhã* "e aplainarei montes"... *E é por isso que o Espírito Santo levou você a se lembrar desses versículos: para a proteger do que poderia ter sido uma grande dor em seu coração.* "Derrubarei portas de bronze e romperei trancas de ferro." *Vou quebrar as mentiras que poderiam tê-la aprisionado e feito duvidar do seu verdadeiro valor.*
>
> "Darei a você os tesouros das trevas, riquezas armazenadas em locais secretos..." *Nos lugares mais improváveis, abençoarei seus*

NÃO SER DEFINIDA PELOS NÚMEROS

esforços e recompensarei sua perseverança com evidências de sua vitória. "Para que você saiba que eu sou o SENHOR, o Deus de Israel, que o convoca pelo nome..." *Eu amo você, Lysa. Amei você quando pesava quase 90 quilos. Amei você quando pesava 75. E amo você com 68 quilos. E nenhum número na balança jamais mudará esse fato. Não estou conduzindo você nessa jornada porque preciso que você pese menos, mas porque desejo que você seja saudável em todos os sentidos. Eu sei seu nome, Lysa. Agora, descanse na segurança do meu nome e tudo o que ele significa para sua identidade* (Isaías 45:2,3, palavras em itálico adicionadas pela autora).

Você percebeu por que é tão importante encher nosso coração e mente com a Palavra de Deus? O quanto é imprescindível fazer de sua verdade não apenas o fundamento da nossa identidade, mas a forma com a qual lidamos com a comida? O Espírito Santo usa a Palavra de Deus guardada em nós para nos persuadir, lembrar, redirecionar, capacitar e nos conduzir à vitória.

Gostaria de poder dar a você uma fórmula mais definitiva. Algo um pouco mais sucinto ou um passo a passo para que você não seja tão dependente de ter de fazer uma escolha de ouvir o Espírito Santo. Mas uma coisa eu garanto: Deus quer estar em comunhão conosco. E, se você dedicar essa jornada a Deus, Ele promete que o Espírito Santo estará com você a cada passo do caminho. Isso significa que você tem acesso a um poder além do seu.

Então, por causa da verdade de Deus, essa mulher apaixonada por Jesus não foi derrotada pelo comentário da minha colega da academia. Não me derreti em lágrimas. Essa conversa sobre uma irmã de 68 quilos não me define de maneira alguma. Eu simplesmente ri e segui em frente enquanto cantarolava aquela música do filme *O espanta tubarões*: "*I Like Big Butts and I Cannot Lie*" (Eu gosto de popozões, não vou mentir). Foi realmente um momento glorioso da minha vida. Essa interação foi a prova viva de que finalmente estava no caminho da cura.

Aqui está outro passo para nos aproximarmos de Deus que não podemos deixar passar: aproximamo-nos dele à medida que aprendemos a parecer cada vez mais com Ele e agir como Ele. A Bíblia assim define como é participar de sua natureza divina.

Não apenas nossas ações precisam refletir o domínio próprio que o Espírito Santo nos dá, mas nosso critério de identidade precisa refletir sua presença em nossa vida. Aqui está como o apóstolo Pedro apresenta essa verdade:

> Seu divino poder nos deu tudo de que necessitamos para a vida e para a piedade, por meio do pleno conhecimento daquele que nos chamou para a sua própria glória e virtude. Dessa maneira, ele nos deu as suas grandiosas e preciosas promessas, para que por elas vocês se tornassem participantes da natureza divina e fugissem da corrupção que há no mundo, causada pela cobiça. Por isso mesmo, empenhem-se para acrescentar à sua fé a virtude; à virtude o conhecimento; ao conhecimento o domínio próprio; ao domínio próprio a perseverança; à perseverança a piedade; à piedade a fraternidade; e à fraternidade o amor. Porque, se essas qualidades existirem e estiverem crescendo em sua vida, elas impedirão que vocês, no pleno conhecimento de nosso Senhor Jesus Cristo, sejam inoperantes e improdutivos. (2Pedro 1:3-8)

São muitos versículos, então vamos resumir os princípios que se referem às nossas lutas com a comida e com a nossa identidade:

- Seu divino poder nos deu tudo de que necessitamos para termos vitória em meio às lutas.

NÃO SER DEFINIDA PELOS NÚMEROS

- Somos criadas para refletir uma natureza divina — uma identidade segura em Cristo — que nos ajuda a fugir da corrupção do mundo e a evitar a cobiça.
- É por meio das promessas bíblicas que reunimos coragem para dizer não às vontades de alimentos não saudáveis.
- Ficar saudável não se trata apenas de ter fé, bondade e conhecimento. Temos de acrescentar ao fundamento escolher ter domínio próprio e perseverar mesmo quando a jornada fica muito difícil.
- Essas qualidades nos afastam de sermos inúteis e improdutivas em nossa busca pela alimentação saudável e, o mais importante, em nossa empenho em crescermos mais perto de Deus.
- Se fazemos a escolha de sermos mulheres cristãs que oferecemos nossa disposição para praticarmos o domínio próprio e a perseverança para a glória de Deus, podemos perder peso, ficar saudável e caminhar com a confiança que é possível para fugir do ciclo de perder peso e depois ganhar de novo. Podemos ser vitoriosas. Podemos subir na balança e aceitar os números pelo que somos — um indício do quanto pesa nosso corpo —, e não vê-los como um indício do nosso valor.

Posso repetir essa última frase? *Sou uma mulher cristã que pode subir na balança e ver os números como um indício do quanto pesa meu corpo, e não como um indício do meu valor.*

Irmã, se você for como eu, há lugares em que seus pais, colegas, amigas e inimigas a feriram proposital ou inadvertidamente com seus comentários. E, às vezes, esses comentários ecoam em seu coração e mente, destruindo seu valor.

Naquele dia na academia, eu podia ter permitido que as palavras "Eu mal posso acreditar. Ela deve estar pesando quase

SEGUNDA EU RECOMEÇO!

68 quilos" me atingissem e causassem um grande estrago. Ao contrário, peguei aquele comentário e o substituí pelas verdades que o Espírito Santo estava sussurrando. Como disse o apóstolo Pedro, tudo de que necessitamos nos foi dado para a vida e para a piedade. A declaração inapropriada da minha colega da academia não era vida e não era piedosa. Portanto, eu não tinha de internalizá-la. Eu podia deixá-la na academia e ir embora.

Aquela frase não me pertencia. Ela não era meu problema. Eu tinha uma escolha a fazer. Eu podia alimentar aquele comentário e permitir que ele crescesse como um exterminador de identidade, ou podia vê-lo pelo o que ele é, um comentário indiscreto. Assim como posso escolher deixar os biscoitos na cesta da padaria e as batatas fritas na prateleira do supermercado, posso escolher me afastar desse comentário. É sobre isso que o apóstolo Paulo estava falando quando disse: "Destruímos argumentos e toda pretensão que se levanta contra o conhecimento de Deus e levamos cativo todo pensamento, para torná-lo obediente a Cristo" (2Coríntios 10:5).

Podemos literalmente perguntar para qualquer comentário ou ideia, "É verdade? É benéfico? É necessário?" E caso a resposta seja "não", então não devemos abrir a porta do nosso coração para ele.

Amo esses versículos. Amo essa verdade. Amo minha identidade de mulher cristã. E amo não ser definida pelos números.

CAPÍTULO **8**

Fazendo as pazes com as realidades do meu corpo

Tenho uma lembrança da época do Ensino Médio que me assombrou por anos. Havia um garoto por quem eu era completamente apaixonada. Quando as luzes diminuíam nos bailes da escola, em algum lugar entre as canções "My Sharona" [Minha Sharona] e "Walk Like an Egyptian" [Caminhe como um egípcio], inevitavelmente vinham os sons da música da banda Hall & Oates "Your kiss is on my list" [Seu beijo tá na minha lista]. Eu tinha uma lista, e ele era a prioridade.

O único problema era que meu *crush* também tinha uma lista e eu não estava à altura. Para ele, eu estava na *friendzone* [zona de amizade]. Juntando esse combo, tínhamos a fórmula para um coração partido.

Então chegou o momento que, mais de vinte anos depois, ainda me lembro como se tivesse acontecido ontem. O garoto da lista vem e se senta do meu lado no baile da escola. Tento dar uma de descolada e agir como se estivesse surpresa em vê-lo. Como se não o tivesse notado a noite toda, eu disfarçadamente o observei desde que entramos no recinto. Batemos um papo por alguns minutos.

Estávamos conversando coisas triviais, mas dentro de mim algo bem diferente estava acontecendo. Meu coração batia acelerado, minha mente estava folheando as páginas do nosso futuro — nossa primeira dança, nosso noivado, nosso casamento. Bem quando estou prestes a dar o nome dos nossos três primeiros filhos, ele joga uma bomba em mim.

Ele disse que me achava bonitinha, mas que era bem ruim eu ter as pernas fortes; se não fosse por isso, talvez pudéssemos dar um passeio um dia desses. "Desculpa? Você disse que eu tenho um olhar forte? Com certeza, você não disse *pernas fortes?*"

"Não", respondeu ele. "Eu na verdade disse pernas gordas."

Sério. "PERNAS GORDAS!" Eu imaginei que ele jamais me convidaria para sair por causa do meu cabelo com *frizz*, das minhas espinhas ou do meu aparelho nos dentes... *Tudo isso um dia iria mudar.* Mas por causa das minhas pernas? Bem, elas seriam minhas companheiras pelo resto da vida. Eu finalmente amadureci, contudo, minhas pernas me incomodam a cada minuto todo santo dia. Mais ou menos na época em que elas eram apenas um ponto de insatisfação *semanal*, decidi ter uma conversinha com Deus sobre minhas pernas. Eu disse ao Senhor que era uma bobagem esse assunto, mas eu realmente precisava ter uma perspectiva melhor sobre toda essa situação de pernas gordas.

Acho que o Senhor realmente estava ansioso para que eu discutisse o assunto com Ele. Ele foi rápido em responder minha pergunta com outra pergunta.

Deus: "Você se sente desajeitada, Lysa? "

Lysa: "Sim, Senhor. Sinto-me muito desajeitada."

Deus: "Já quebrou sua perna alguma vez?"

Lysa: "Nunca."

Deus: "Não seria um incomodo constante estar com a perna quebrada e ficar de fora, no banco de reserva?"

Lysa: "Sim, muito."

Deus: "Lysa, eu capacitei você perfeitamente com pernas fortes e adequadas. Tenha gratidão."

O diálogo não foi tão claro e direto como descrito. E não, eu não ouvi a voz de Deus de modo audível. Mas foi essa a mensagem que recebi quando me sentei em silêncio e orei a respeito do assunto. Talvez você também possa ter esse "tempo a sós" com Deus sobre qualquer que seja o seu percentual de gordura e ver o que Ele revela para você.

Não conheço nenhuma mulher neste planeta que esteja totalmente feliz com seu corpo. Nem eu estou. E talvez você não esteja. E nem minha amiga Karen Ehman, que emagreceu mais de 45 quilos.

Karen é minha pessoa favorita para conversar sobre perda de peso. Ela foi criada por uma mãe solo que realmente a amava, mas nem sempre podia estar disponível o quanto queria para sua filha. Em muitos dias ela tentava preencher o vazio de sua ausência deixando para Karen uma caixa de chocolate na bancada enquanto ela corria para trabalhar em outro turno.

As guloseimas, às quais Karen recorria quando se sentia só, triste ou estressada, tornaram-se o seu conforto. Esse padrão tornou-se profundamente arraigado em Karen e, à medida que o tempo foi passando, ela acabou no que parecia ser um estado insuportavelmente obeso. Por meio de uma série de sustos médicos e um choque de realidade, Karen se juntou aos Vigilantes do Peso e perdeu 45 quilos. E por três anos, ela conseguiu manter o peso ideal.

Então, seu marido foi demitido. Eles tiveram de vender a casa. Outros estresses se acumularam e tudo começou a ficar fora do controle. De repente, seus antigos padrões de conforto pareciam atraentes de novo. Além disso, estar em seu peso ideal e ainda ter que observar o que ela comia sem a recompensa de ver os números da balança caírem não era tão divertido. O que começou sendo uma guloseima passou a ser várias. Dois quilos a mais viraram treze, e Karen sentiu as antigas dores da derrota tentando reverter todo o seu progresso.

SEGUNDA EU RECOMEÇO!

Já era hora de pegar firme de novo, mas, caramba, como era difícil na segunda vez! Ela sabia que algumas coisas teriam de ser diferentes. A maior delas foi mudar sua motivação do prazer de ver os números diminuindo na balança para a alegria de obedecer a Deus.

Em um dos seus *posts* em seu *blog Weight Loss Wednesday* [Quarta-feira dos Vigilante do Peso], ela escreveu algo que achei incrivelmente revelador e profundo:

> Eu estava bastante esperançosa quando subi na balança hoje de manhã. Controlei minha alimentação, treinei cinco dias na academia de 30 a 45 minutos e minha calça jeans estava fechando com muito mais facilidade do que o esperado. Então, retirei a balança de seu esconderijo (subir na balança mais de uma vez por semana costuma ser tóxico para mim) e ela mostrou...
>
> Que eu perdi 810 gramas.
>
> Míseras 810 gramas! O quê!?! Eu tinha certeza que eu teria perdido no mínimo quase 1 quilo. Senti-me enganada. E senti vontade de correr para a cozinha para preparar um ou dois *waffles* congelados, para que eu pudesse untar com manteiga, espalhar pasta de amendoim e regá-los com xarope de milho para afogar minhas mágoas.
>
> Mas então eu parei e me lembrei do que o Senhor havia me dito naquela semana.
>
> Defina sua semana pela obediência, e não por um número da balança...
>
> Então, eu tinha de parar e me perguntar o seguinte:
>
> - Eu comi demais nessa semana ou em qualquer outro dia? Não.
> - Eu fiz mais atividade física do que de costume? Sim...
> - Comi escondido, ou por raiva ou frustração? Não.

- Senti que, em algum momento, recorri à comida em vez de recorrer a Deus? Não.
- *Antes* de subir na balança, será que tive uma semana bem-sucedida e com o objetivo de agradar a Deus? Sim!

Então, por que, oh, por que fico tão apegada a um número bobo? E por que quase deixei isso me atrapalhar e me mandar para a cozinha para uma farra de 750 calorias?

Queridas amigas, precisamos nos definir pela nossa obediência ao Senhor, e não por um número na balança.

Ok?

Promessa de dedinho? Ótimo!

Estamos juntas nesse mesmo barco.

E nós vamos perder peso, mesmo que sejam 800 gramas de cada vez![3]

Eu amo as abordagens da Karen! Que grande lista de perguntas para fazer quando, embora eu esteja no meu peso ideal, ainda seja necessário usar algumas das minhas calças sociais com elastano. Ou quando minhas pernas fortes me fazem lembrar que a minissaia não é a melhor opção que tenho em meu guarda-roupa.

O corpo que Deus me deu é bom. Ele não tem as medidas perfeitas, nem terá. Ainda tenho celulite. Ainda tenho pernas fortes. E embora eu tenha uma alimentação saudável, não há garantia — sou tão suscetível quanto qualquer outra mulher que sofre com um câncer ou de alguma outra doença. Meu corpo é um presente. Um bom presente pelo qual tenho gratidão. Ser fiel em cuidar desse presente ao andar de acordo com os planos de Deus me dá forças renovadas para manter uma visão saudável do meu corpo. E, assim como o salmista, posso fazer esta oração de ação de graças pelo corpo que tenho e ser sincera:

Bendiga o S<small>ENHOR</small> a minha alma! Bendiga o S<small>ENHOR</small> todo o meu ser! Bendiga o S<small>ENHOR</small> a minha alma! Não esqueça nenhuma de suas bênçãos! É ele que perdoa todos os seus pecados e cura todas as suas doenças, que resgata a sua vida da sepultura e o coroa de bondade e compaixão, que enche de bens a sua existência, de modo que a sua juventude se renova como a águia (Salmos 103:1–3).

É tão fácil focar o que vemos de negativo em nosso corpo. Eu sabia que poderia comer de forma saudável e fazer atividade física pelo resto da minha vida e ainda assim ter pernas fortes. No panorama das coisas, essa é uma preocupação superficial. Mas se eu permitisse que meu cérebro focasse em um ponto de insatisfação sobre qualquer parte do meu corpo, isso daria a Satanás brecha suficiente para avançar com sua mentira que me faz perder a motivação: *Seu corpo jamais vai ficar do jeito que você quer, então, por que se sacrificar tanto? Sua disciplina é em vão.* É por isso que tenho de buscar o ponto de vista de Deus e, como o Salmo 103 nos lembra: "Não esqueça nenhuma de suas bênçãos!".

Quando estudei essa passagem e decidi descansar na realidade de que meu corpo é um bom presente, pela primeira vez na minha vida agradeci a Deus por me fazer do jeito que Ele me fez. Sou capaz de olhar para mulheres retocadas pelo *Photoshop* nas revistas e as de pernas magras na TV e ficar feliz por elas sem me odiar.

Encontrei minha beleza. E eu gosto dela. Não preciso exibir minha beleza para os outros e vê-la com um olhar crítico. Como Ralph Waldo Emerson disse certa vez: "Embora viajemos por todo o mundo em busca da beleza, devemos levá-la conosco para podermos encontrá-la".[4]

CAPÍTULO 9

Mas atividade física me dá vontade de chorar

Posso ser sincera? Atividade física, sobretudo treino cardiovascular, sempre tem sido uma batalha para mim. Eu faria um pouco de atividade física sem nenhum entusiasmo várias vezes na semana, odiando cada minuto. A parte mais frustrante era que os esforços feitos com desânimo geram resultados medíocres. Com o passar dos anos, comecei a me afastar cada vez mais de um estilo de vida ativo.

Geralmente, eu me perguntava se devia me conformar em estar fora de forma. Eu questionava: *Será que cheguei a uma idade e fase da vida nas quais emagrecer e ficar em forma é impossível?*

Os quilos extras que se acumularam em meu corpo podiam ser facilmente justificados. Afinal de contas, eu dei à luz três filhos. (Até parece que ganhei peso com os outros dois filhos adotivos.) Era minha fase de criar os filhos, e não de levantar pesos na academia. Estava atarefadíssima dando caronas para ir à academia. Mas, lá no fundo do meu coração, eu não estava em paz. Eu não me sentia bem nem fisicamente, nem emocionalmente. Eu me vi chorando, olhando para o espelho do banheiro em muitas manhãs, lamentando sobre qual calça poderia esconder melhor meu buchinho. Clamei ao Senhor e admiti que era loucura ficar emotiva por causa de minhas calças, pelo amor de Deus! Eu queria superar essa questão boba e me sentir confortável com quem eu era.

A onda de justificativas voltaria, mas dessa vez com uma reviravolta espiritual. *O mundo vendeu para nós, mulheres, a ideia de que, para sermos boas, temos que ser magras. Estou bastante preocupada com meu crescimento espiritual para me distrair com questões mesquinhas, como peso e atividade física. Deus me ama do jeito que sou.*

Embora as justificativas espirituais também parecessem boas, se eu fosse sincera comigo mesma, meu problema era simples: a falta de domínio próprio. Eu podia abrandar e dar justificativas o dia inteiro, mas a verdade era que eu não tinha um problema com o peso; eu tinha um problema espiritual. Eu dependia mais da comida para ter conforto do que de Deus. E era simplesmente muito preguiçosa para ter tempo para fazer atividade física.

Ai! Essa verdade dói.

Então, no dia seguinte ao Dia das Mães, há alguns anos, eu acordei e a primeira coisa que fiz foi sair para correr. Bem, a palavra *correr* deve ser usada com muita licença poética para definir o que eu realmente fiz. Levantei-me e mexi meu corpo mais rápido do que de costume havia muito tempo. E quer saber? Eu detestei. A atividade física me dá vontade de chorar.

Faz eu sentir calor e ficar suada. Faz minhas pernas doerem e meus pulmões arderem. Nada era divertido, até eu acabar. Mas o sentimento de dever cumprido que tive depois foi sensacional! Então, a cada dia eu lutaria contra as lágrimas e as desculpas e faria o esforço de treinar.

No início eu só conseguia correr de uma esquina até a outra — num bairro onde as casas são bem próximas umas das outras, muito obrigada! Todos os dias eu pedia a Deus para me dar força para pegar firme daquela vez. Lentamente comecei a ver pequenos sinais do meu progresso.

Um dia, saí para fazer a minha versão de corrida e uma direção clara de Deus ressoou em meu coração: *Corra até não conseguir dar outro passo. Não corra na sua própria força, mas na minha. Toda vez que sentir vontade de desistir, ore por aquela amiga que está lutando, aquela que você desafiou a não desistir, e siga seu próprio conselho — não pare até eu ordenar.*

Eu tinha feito um recorde até aquele ponto, correndo quatro quilômetros, o que achei bastante fora de série. Mas quando alcancei essa marca em minha corrida, meu coração traiu meu corpo e disse: *continue.*

A cada passo adiante, eu tinha que orar e confiar em Deus. Quanto mais eu focava correr em direção a Deus, menos eu pensava em parar. E este versículo de Salmos fizeram todo o sentido:

> O meu corpo e o meu coração poderão fraquejar, mas Deus é a força do meu coração e a minha herança para sempre (73:26).

Enquanto eu corria naquele dia, conectei-me com Deus em um nível diferente. Senti o que significa ter indubitavelmente a fé divina para perceber algo. Quantas vezes clamei para ser uma mulher de fé, mas eu mal vivia uma vida que exigia ter fé? Naquele dia, o Senhor não me fez parar até eu atingir treze quilômetros.

Preste atenção neste ponto. Foram *minhas* pernas que deram cada passo. *Minha* energia foi usada. Foi *meu* esforço que me levou de quase dois quilômetros para quatro, para oito, para treze. Mas foi a *força de Deus* que substituiu minhas desculpas passo a passo.

De esquina a esquina, para a mulher cristã que chorava quando pensava em fazer atividade física, era um milagre moderno. Eu rompi a barreira do "eu não consigo" e expandi os horizontes da minha realidade. Foi difícil? Sim. Fui tentada a desistir? Com certeza. Será que eu conseguiria com minha própria força? Jamais. Mas isso não se tratava de correr. Tratava-se de perceber o poder de Deus tomando o controle da minha total fraqueza.

SEGUNDA EU RECOMEÇO!

Também devo observar que voltei ao meu padrão de quatro quilômetros na próxima vez que corri. Mas lentamente aumentei minhas corridas diárias para seis quilômetros e estou contente com essa distância. Correr treze quilômetros diários não era realista para mim, mas naquele dia foi glorioso, principalmente por causa do que descobri quando cheguei em casa.

Já que eu estava meditando em um versículo dos Salmos durante minha corrida, peguei minha Bíblia assim que cheguei em casa e abri no Salmo 86, em honra aos meus treze quilômetros. Este foi o trecho que li:

> Ensina-me o teu caminho, SENHOR, para que eu ande na tua verdade; dá-me um coração inteiramente fiel, para que eu tema o teu nome. De todo o meu coração te louvarei, SENHOR, meu Deus; glorificarei o teu nome para sempre (v. 11,12).

Um coração inteiramente fiel. Era disso que se tratava toda minha jornada de vencer minhas vontades de comer besteiras.

Quando se trata do meu corpo, não posso viver sendo leal pela metade. Ou eu escolho ser leal em honrar o Senhor com meu corpo ou leal às minhas vontades, aos meus desejos e às muitas desculpas para não fazer atividade física. O apóstolo Paulo ensinou aos coríntios sobre esse assunto quando escreveu:

> Acaso não sabem que o corpo de vocês é santuário do Espírito Santo que habita em vocês, que lhes foi dado por Deus, e que vocês não são de vocês mesmos? Vocês foram comprados por alto preço. Portanto, glorifiquem a Deus com o seu próprio corpo (1Coríntios 6:19,20).

Encontrei a história mais interessante do Antigo Testamento sobre a seriedade de Deus em relação às pessoas que cuidam dos

MAS ATIVIDADE FÍSICA ME DÁ VONTADE DE CHORAR

templos que lhes foram confiados. Antes de o Espírito Santo nos ser dado e de nosso corpo se tornar os santuários da presença de Deus, o Senhor estava presente com seu povo em um lugar de louvor chamado templo. O livro de Ageu descreve como uma das primeiras coisas que o povo de Deus fez quando voltou do exílio na Babilônia foi reconstruir o templo.

Eles começaram com grande entusiasmo e uma intenção fantástica, mas lentamente voltaram à complacência e finalmente pararam totalmente o trabalho no templo. Outras questões pareciam ser mais urgentes, mais atrativas. Aqui está como Deus reagiu:

> "Assim diz o Senhor dos Exércitos: Este povo afirma: 'Ainda não chegou o tempo de reconstruir a casa do Senhor'".
>
> Por isso, a palavra do Senhor veio novamente por meio do profeta Ageu: "Acaso é tempo de vocês morarem em casas de fino acabamento, enquanto a minha casa continua destruída?"
>
> Agora, assim diz o Senhor dos Exércitos: "Vejam aonde os seus caminhos os levaram. Vocês têm plantado muito, e colhido pouco. Vocês comem, mas não se fartam. Bebem, mas não se satisfazem. Vestem-se, mas não se aquecem. Aquele que recebe salário, recebe-o para colocá-lo numa bolsa furada".
>
> "Assim diz o Senhor dos Exércitos: "Vejam aonde os seus caminhos os levaram. Subam o monte para trazer madeira. Construam o templo, para que eu me alegre e nele seja glorificado", diz o Senhor (Ageu 1:2–8).

Oh, isso me lembra do quão meu coração pode estar dividido quando se trata de cuidar do meu corpo, o templo de Deus.

Assim como esse povo, eu facilmente podia dizer: "Não estou numa boa fase para cuidar do meu corpo. Não tenho tempo, tenho os filhos, as responsabilidades do meu emprego, tenho que cuidar da casa, pagar as contas e todas as atividades diárias". Mas o conselho do Senhor é: "Vejam aonde os [nossos] caminhos [nos] levaram" e que devemos ter tempo para "construir [seu] templo" para que Ele seja honrado.

O povo de Deus negligenciou a construção do templo durante dez anos. A cada ano, outra coisa parecia ser mais importante. Por anos, fiz a mesma coisa com a atividade física. Outra coisa sempre tinha alta prioridade.

Entretanto, se eu fosse verdadeiramente honesta, teria de admitir que tinha tempo para aquilo que eu queria. Eu sempre parecia ter tempo para assistir ao meu programa de TV favorito ou conversar com uma amiga pelo celular. Do mesmo modo, os judeus que voltaram da Babilônia sem dúvida tiveram tempo para fazer coisas que realmente queriam fazer enquanto ignoravam o templo do Senhor.

Houve consequências por não cuidarem do templo de Deus: "Por isso, por causa de vocês, o céu reteve o orvalho e a terra deixou de dar o seu fruto" (v. 10). Agora, não estou dizendo que Deus fará com que coisas ruins nos aconteçam se não fizermos atividade física, mas há consequências naturais se não cuidarmos do nosso corpo. Seja mais peso e menos energia hoje ou uma doença cardíaca futuramente, nossas escolhas são importantes no âmbito físico e espiritual.

Espiritualmente, quando não estou cuidando do meu corpo, sinto-me bem mais sobrecarregada por estresse e problemas.

Sinto menos energia para servir a Deus e mais emoções desafiadoras para enfrentar ao processar a vida.

Na verdade, agora tenho gratidão por ter um corpo e um metabolismo que exigem que eu faça atividade física. Tenho refletido com atenção em meus caminhos e estou certa de que cuidar de meu templo é uma prioridade. Eu faço planejamento. Aprendi a aceitar os benefícios em vez de resistir aos sacrifícios. E embora eu jamais tivesse pensado que diria isso, amo a sensação de dever cumprido que a corrida me proporciona a cada dia. Se tudo no meu dia não sai como o planejado, posso sorrir e dizer: "Sim, mas com a ajuda de Deus, corri seis quilômetros hoje de manhã!". Talvez correr não seja a sua praia. Então, encontre a sua.

Minha mãe ama dizer que o melhor tipo de treino é o que você fará. Eu concordo. E à medida que entendo bem que meu templo talvez não seja a habitação majestosa de Deus, quero elevar a Deus seja lá qual for a disposição que tenho a cada dia e dedicar minha malhação como um presente a Ele e a mim mesma. Agir assim une meu coração dividido e me faz lembrar dos propósitos mais significativos de exercitar meu corpo.

É incrível o quanto o amor pode nos motivar — sobretudo quando o amor sem reservas de Deus "dá *match*" com nosso coração dividido.

CAPÍTULO 10

Isto **não** é justo!

Um enorme pedaço de um doce saboroso da padaria foi colocado na minha frente. Era uma combinação de três sobremesas em uma. Uma camada era de *cheesecake*, a outra era de sorvete, e o recheio era uma camada igual a um *brownie* de chocolate... Tudo coberto por uma crosta também de chocolate que chamava meu nome.

Foi servido enquanto eu estava de férias com a família. Naquele momento, estava no início da minha aventura de cortar o açúcar. Eu estava indo muito bem em casa, mas fui colocada em um lugar que estava cheio de guloseimas, que minha mente não era capaz de sequer conceber, enquanto todos ao meu redor podiam comer um quilo de açúcar por dia e ainda parecerem ter uma boa condição física e ser magros.

Não queria que minha família perdesse a oportunidade, então eu lhes disse para aproveitar. "Eu não quero", disse com um sorriso amarelo. Mas por dentro, um diálogo totalmente diferente estava acontecendo em minha mente: *Isto não é justo!*

Acho que essa é uma das maiores pegadinhas que Satanás faz conosco, mulheres, para nos fazer ceder à tentação.

Dizer "isto não é justo" tem feito muitas mulheres colocarem de lado o que sabem ser o certo pela emoção temporária de tudo o que parece ser justo. Mas amanhã será outro dia. E, à medida que amanhece, a noção da escolha que ela fez na noite passada fica cada vez mais clara.

A culpa invade seu corpo. Os questionamentos enchem sua mente.

A insegurança abala sua confiança.

E depois vem a raiva. Raiva de si mesma. Raiva do objeto de seu desejo. Raiva até mesmo de um Deus poderoso que com certeza podia ter evitado tudo isso.

Não é justo que todos possam ter isso, aquilo, ou agir de tal modo.

Não é justo que Deus nos proíba de comermos do fruto da árvore do meio do jardim... Só uma mordidinha não seria tão ruim, seria?

Não é justo eu não poder comprar aquele novo item que quero. Só mais um valor no cartão de crédito não seria tão ruim, seria?

Não é justo eu ter esse corpo que exige que eu vigie tudo o que consumo quando aquela outra mulher come um monte de besteiras e continua vestindo roupas tamanho 38. Uma fatia de *cheesecake* não seria tão ruim, seria?

Não é justo não podermos fazer sexo antes do casamento quando estamos tão apaixonadas. Fazer só uma vez não seria tão ruim, seria?

Nossa carne acredita na mentira de Satanás de que não é justo as coisas nos serem negadas. Então mordemos o fruto proibido e permitimos que Satanás encha nosso coração de vergonha.

E quer estejamos falando sobre fazer sexo antes do casamento, quer o assunto seja fugir da nossa dieta, uma vez que provamos o fruto proibido, o desejaremos mais do que antes — assim dando cada vez mais poder à tentação. E recebendo bastante poder, a tentação vai consumir nossos pensamentos, redirecionar nossas ações e exigir nosso louvor. Ela não vê com bons olhos o fato de não cedermos.

Não sei o que tenta você atualmente. Mas conheço bem esse ciclo vicioso e estou aqui para dar a você esperança de que é possível vencer isso.

Só de digitar essa frase me dá arrepios. Há poucos anos, eu cogitava se isso seria possível para mim.

Como mencionei, o plano alimentar que escolhi era sem açúcar e com carboidratos e proteínas saudáveis. O que não parece ser tão ruim, até perceber que o açúcar está em quase tudo que você gosta de comer. Pães, massas, batatas, arroz, e sem mencionar todas as guloseimas da padaria.

Pois bem, eu estava sentada naquele jantar especial durante minhas férias especiais; então comecei meu mi-mi-mi de autopiedade e as palavras *isto não é justo* entraram sorrateiramente em meu cérebro.

Naquele momento, me contorci na cadeira e pensei: *Vou comer só um pedacinho... Talvez dois... Tenho me dedicado tanto... Já até malhei hoje de manhã... E isso são férias... Todo mundo está liberando geral... Ai, meu Deus!!! O que você está fazendo, Lysa?!*

O açúcar era como o canto da sereia da mitologia grega, atraindo os marinheiros descuidados que inevitavelmente afundariam suas embarcações e morreriam afogados. A sedução era ardilosa e aparentemente inocente. Mas naquele instante de tentação, percebi que afundar em autocomiseração era um indício de que eu estava dependendo da minha própria força.

Tive de me apegar bem firme à força de Deus, e a única maneira de agir assim era pedir que o poder dele agisse nesse impasse. Nesse caso, entreguei para Ele o controle da situação ao recitar mentalmente *Fui criada para um estilo de vida bem melhor. Criada para um estilo de vida bem melhor.* Lembrei-me de trechos das Escrituras que coloquei nesse roteiro e protegi meu coração. "Somos mais que vencedores", "Tudo posso naquele que me fortalece", "Que a paz de Cristo seja o juiz em seu coração", "E não nos deixes cair em tentação, mas *livra-nos* do mal"...

O problema é que Satanás me atingiu com um sofisma que me deixou trêmula momentaneamente: *Mas esta é uma época especial, Lysa. E épocas especiais merecem uma exceção aos seus parâmetros. Não é justo você ter de se sacrificar. Olhe ao seu redor. Ninguém mais está se sacrificando neste exato momento.*

É exatamente aqui onde quem faz dieta entrega os pontos. A virgem vai para a cama com seu paquera da festa. A mulher com seu plano de poupar dinheiro passa seu cartão de crédito em uma grande liquidação. A alcoólatra falta à sessão dos Alcoólicos Anônimos e corre para festa de aniversário da amiga lá no bar.

Eu precisava de um direcionamento para esse impasse. Então, curvei minha cabeça e orei: "Deus, minhas forças estão se esgotando. A Bíblia diz 'pois o meu poder se aperfeiçoa na fraqueza'. Essa seria uma boa hora dessa verdade fazer parte da minha realidade. Ajuda-me a ver além dessa tentação que se agiganta na minha frente".

De repente, uma lembrança surgiu na tela da minha mente. Eu estava sentada na escada da sacada térrea do quintal com meu filho adolescente e sua namorada naquele momento, tendo uma conversa profundamente angustiante. Eles haviam entrado em uma situação ruim e permitiram que as coisas fossem longe demais, fisicamente falando. Embora nem todos os limites tinham sido ultrapassados, eles tinham avançado demais a ponto de ficarem assustados. Meu conselho foi para eles refletirem além daquele momento. Digam em voz alta: "Isso parece bom agora, mas como eu vou me sentir a respeito no outro dia, pela manhã?".

Era isso. Fui desafiada pelas palavras e expectativas que coloquei em meu filho enquanto eu não percebia o quanto esse mesmo conselho podia ser tão poderoso se fosse aplicado à minha dificuldade. Eu tinha meu roteiro, e à medida que eu o recitava, o poder de Deus preencheu a lacuna da minha fraqueza.

Logo seria hora de sair da mesa de jantar. Empurrei a cadeira, deixei a sobremesa intacta e voltei para a sala. E nunca me senti tão empoderada em toda minha vida! Mais tarde, eu pesquisei esse versículo que fala sobre a força de Deus encaixar-se perfeitamente em minha fraqueza.

> Mas ele me disse: "Minha graça é suficiente a você, pois o meu poder se aperfeiçoa na fraqueza". Portanto, eu me gloriarei ainda mais alegremente em minhas fraquezas, para que o poder de Cristo repouse em mim. Por isso, por amor de Cristo, regozijo-me nas fraquezas, nos insultos, nas necessidades, nas perseguições, nas angústias. Pois, quando sou fraco, é que sou forte (2Coríntios 12:9,10).

A fraqueza não tem de ser um sinal de derrota. É minha oportunidade de sentir pessoalmente o poder de Deus. Se eu tivesse aceitado dar uma mordida na sobremesa naquela primeira noite de férias, haveria bem mais concessões. E uma concessão atrás da outra resulta em fracasso.

Em vez disso, resistir à tentação permitiu que as respectivas promessas fossem fortalecidas em meu coração, e isso gera poder. Esse é o poder de Deus superando minha fraqueza. Sabia que um dia seria forte o suficiente para dar algumas mordidas e ir embora, mas esse dia ainda não havia chegado.

Não sei com o que você pode estar tendo dificuldade hoje, mas posso garantir que Deus é justo. Há um bom motivo para enfrentarmos nossas tentações. A luta em dizer "não" pode ser dolorosa na hora, mas está desenvolvendo algo grandioso em nosso interior.

SEGUNDA EU RECOMEÇO!

Por muito tempo, considerei minhas dificuldades como uma maldição. Sei que não estou sozinha nessa. E se, porventura, essa batalha com a comida for exatamente aquilo que, se controlado, pode nos levar a uma melhor compreensão de Deus? E se pudéssemos realmente chegar ao ponto de agradecê-lo por nos permitir enfrentar essa batalha por causa das ricas bênçãos que descobrimos nesse campo minado?

Minha amiga E. Titus resumiu o que estou descobrindo:

> Quando me pego pensando em como é injusto que minha amiga seja magra e não precise se esforçar para ser assim, como ela pode comer o que, quando e quanto quiser e como é péssimo o fato de eu não ser igual a ela, lembro que Deus não me criou para ser ela. Vejam, Ele sabia antes mesmo de eu nascer que eu poderia facilmente permitir que a comida fosse um ídolo em minha vida, que eu correria para a comida e não para Ele, para preencher minhas necessidades. E em sua imensa sabedoria, Ele criou meu corpo para que ele sentisse as consequências de tal escolha, para que eu constantemente fosse puxada de volta para seus braços. Ele quer que eu o busque por satisfação, cura emocional, conforto — e se eu pudesse recorrer à comida e nunca ganhar um grama, bem, então para que eu precisaria de Deus?

Há muita sabedoria no ponto de vista da minha amiga. Em vez de estacionar o cérebro em um lugar em que ela constantemente tem problemas de alimentação e peso, escolheu um ponto de vista bem mais saudável.

A realidade é que todas nós temos coisas em nossas vidas com as quais temos de aprender a nos render, desistir, sacrificar e nos afastar. Pense naquela amiga magricela da sua vida que você já viu comer tudo o que ela quer. Ela pode não ter problemas com o peso, mas confie em mim, ela tem outros problemas. Um comentário anônimo postado no meu *blog* deu um testemunho vulnerável dessa realidade:

> Eu sou uma das mulheres magérrimas, mas não confunda magreza com saúde. Eu luto contra a depressão e a fome, com as questões de baixa autoestima provocada por anos de abuso verbal, e a lista não acaba aqui. O tamanho P é só uma ilusão. Mas vestir o tamanho P não faz alguém mais feliz, ter mais fé ou ser mais alegre. As dificuldades são as mesmas (ou pelo menos semelhantes), apenas em tamanhos diferentes.

A vida como uma discípula de Cristo sempre será um processo de aprendizagem, de depender menos da nossa própria força e mais do poder de Deus. A Bíblia ensina: "[...] vocês sabem que a prova da sua fé produz perseverança. E a perseverança deve ter ação completa, a fim de que vocês sejam maduros e íntegros, sem que falte a vocês coisa alguma" (Tiago 1:3,4).

Ah, queridas irmãs, essa verdade deve ser o clamor da nossa alma, e não a mentira de Satanás que diz "isto não é justo". Nosso paladar faz exigências vãs para nos satisfazer, mas somente perseverar com Deus vai nos preencher verdadeiramente, por completo, sem faltar nada.

Avancem, irmãs! Avancem!

CAPÍTULO 11

Um dia "daqueles", péssimo, podre, horrível

"**Eu simplesmente** não tenho essa garra para permanecer nessa coisa de alimentação saudável", Amy disse em exaustão total. A vida tem saído do controle em todas as áreas — finanças desregradas, um casamento estressante, familiares em dificuldades etc. Já que ela não podia controlar boa parte da vida, sentia que não podia mais limitar suas escolhas alimentares. A comida era sua droga entorpecente.

Vinte e um quilos a mais. Ela se sentou soluçando de tanto chorar no chão do banheiro. "O que estou fazendo comigo?" Ela estava carregando o peso do mundo nas costas e agora tudo era agravado por todo o peso que ela acumulou no corpo.

Enquanto engatinhava para a cama, ela olhou para a foto no porta-retratos em seu criado-mudo. Lá estava ela, quase 22 quilos a menos, sorrindo e abraçada ao marido. Aonde foi parar aquela garota feliz? Aonde foi parar aquele casal feliz? E quando foi a última vez que eles tiveram intimidade?

Um nó profundo de insegurança se contorceu em seu estômago com a ideia de seu marido vê-la agora naquele estado. A única coisa que ela queria naquele momento era um saco de salgadinhos industrializados e metade de um pacote de biscoitos Oreo em sua dispensa.

Minha vida está em frangalhos e tudo que consigo pensar agora é em Doritos e Oreo? É um dia "daqueles", péssimo, podre, horrível. Neste exato momento, seria uma boa hora se a Terra se abrisse e me engolisse em um buraco negro. Ou se Jesus voltasse. E por falar em Jesus, que decepção total eu devo ser para Ele.

Amy sentiu uma forte depressão cair sobre ela como um cobertor pesado. Um cobertor tão sombrio e desolador que pensou que talvez pudesse lhe tirar a vida.

Você já esteve nessa situação? Eu já. Não é típico de Satanás nos fazer pensar que temos que ter algo para nos confortar, preencher, satisfazer, apenas para sermos assombradas pelas consequências desse conforto posteriormente?

Como lidar com a comida em momentos difíceis

No capítulo anterior, falamos sobre sermos tentadas nos momentos de comemorações. Mas também acho válido conversar sobre ser tentada a comer demais e a fazer más escolhas alimentares em momento de dificuldades — quando você não sente que tem garra para negar a si mesma as guloseimas. A vida já está negando para você tanta coisa. Pelo amor de Deus, tudo o que você quer parece estar fora de alcance, mas esses biscoitos estão bem aqui. E eles são deliciosos. E ninguém tem o direito de dizer que você não pode comê-los. Então, é isso!

Sem dúvida eu já caminhei bastante ao redor dessa montanha uma, duas, ou vinte e sete vezes. Mas amo o que minha amiga Ruth Graham diz sobre andar em círculos na mesma montanha por muito tempo.

Ou podemos ser vitimizadas e nos tornarmos vítimas, ou podemos ser vitimizadas e superar tudo isso. Geralmente é mais fácil fazer o papel de vítima do que tirarmos as máscaras e pedirmos ajuda. Ficamos confortáveis em nossa posição de vítima. Isso passa a ser nossa identidade e é difícil desistir dela. Os Israelitas

UM DIA "DAQUELES", PÉSSIMO, PODRE, HORRÍVEL

sempre fizeram papel de vítima, mas amo o que Deus lhes diz no final: "Vocês já caminharam bastante tempo ao redor destas montanhas; agora vão para o norte" (Deuteronômio 2:3).

Agora vão para o norte! É hora de seguir em frente! Autocomiseração, medo, orgulho e negatividade nos paralisam. É preciso coragem para tirarmos nossas máscaras, mas se não tirarmos, ficaremos na posição de vítimas e acabaremos atrofiadas.

Ou, nesse caso, acima do peso e doentes, agravando ainda mais nossos sentimentos de sermos vítimas das nossas circunstâncias. Então, o que podemos fazer quando não temos a energia, a coragem ou a vontade de comer alimentos saudáveis?

Isso é importante ser abordado porque, se há uma coisa que sei sobre a vida é que ela será cheia de tempos difíceis. Temos de ter um plano para lidar com eles de modo realista e manter nossas bússolas ajustadas para o norte.

Como Ruth afirmou, uma parte importante de ir para o norte é tirarmos nossas máscaras e pedirmos ajuda.

Para mim, esse processo começa quando tiro minha máscara diante do Senhor e peço-lhe para me ajudar a encontrar a satisfação em meu relacionamento com Ele. Isso significa que tenho de admitir que há um problema, e eu, na verdade, não quero fazer isso. Admitir que tenho um problema provavelmente vai exigir que eu faça mudanças, e elas são difíceis.

A comida dá uma sensação imediata e realmente boa. É bem mais fácil descobrir como ficar chapada a curto prazo por causa de um biscoito do que ter o coração preenchido e pleno em Deus. Posso ir até o supermercado e pegar todos os tipos de biscoitos que quero, mas ficar "cheia" de Deus em um dia particularmente solitário não parece ser muito real ou com resultados imediatos.

Sei que devia orar. Mas estou cansada de falsas orações, orações repetidas quando as opções de lanches gordurosos estão me chamando e minha determinação foi para o ralo. Tenho de ter outra estratégia de oração. Tenho de descobrir um jeito de ser preenchida e ficar satisfeita com o amor de Deus. E alguns anos atrás encontrei exatamente o que precisava — as orações sem palavras.

As orações sem palavras

Eu estava atravessando dias "daqueles", péssimos, podres, horríveis e eu já não sabia pelo que orar. Adquiri o hábito de fazer orações pelas circunstâncias, listando todos os problemas e pedindo a Deus que os resolvesse, por favor. Até dava sugestões e soluções, caso minha ideia não fosse útil. Mas nada mudava. Exceto minha cintura.

Num dia, num ataque de raiva, sentei-me para orar e eu não tinha absolutamente nenhuma palavra para dizer. Nenhuma. Fiquei ali sentada, olhando para o nada. Eu não tinha sugestões. Nem soluções. Nada além de lágrimas silenciosas e um pouco de chocolate derretido em meu bigodinho. Finalmente, Deus quebrantou meu coração cansado. Um pensamento cruzou minha mente e me pegou desprevenida: *Sei que você quer que Eu mude suas circunstâncias, Lysa. Mas agora quero focar em mudar você. Até mesmo as circunstâncias perfeitas não irão satisfazer você tanto quanto deixar que Eu mude o jeito que você pensa.*

Necessariamente, não gostei do que ouvi, mas pelo menos me senti conectada com Deus. Eu não sentia isso há muito tempo. E para manter essa comunhão, transformei isso em um hábito, sentar-se silenciosamente diante do Senhor.

Às vezes eu chorava. Às vezes eu me sentava com a cara fechada. De vez em quando eu me sentava com meu coração

UM DIA "DAQUELES", PÉSSIMO, PODRE, HORRÍVEL

tão pesado que não tinha certeza se conseguiria seguir em frente. Mas quando eu me sentava, imaginava Deus sentado ao meu lado. Ele já estava lá, e eu sentia sua presença. Vivenciei o que o apóstolo Paulo ensinou: "Da mesma forma o Espírito nos ajuda em nossa fraqueza, pois não sabemos como orar, mas o próprio Espírito intercede por nós com gemidos inexprimíveis" (Romanos 8:26).

Enquanto eu permanecia sentada em silêncio, o Espírito intercedia com orações perfeitas em meu favor. Não precisei descobrir *pelo que* orar ou *como* orar a respeito daquela situação que parecia tão desgastante. Eu só tinha de ficar em silêncio sentada com o Senhor. E durante esses momentos, comecei a discernir as mudanças que eu precisava fazer em resposta às minhas circunstâncias — e nenhuma delas incluía usar a comida como válvula de escape.

Acho que todas nós tentamos ser preenchidas com coisas ou por meio de pessoas. Em meu livro *Becoming More Than a Good Bible Study Girl* [Tornando-me mais do que uma mulher de estudo bíblico], relatei sobre como andei por anos com um copinho em forma de coração, estendendo-o para outras pessoas e coisas, tentando encontrar satisfação. Algumas de nós estendem esse copinho em forma de coração para a comida o u esperam que os relacionamentos preencham nossas inseguranças. Em outras situações, queremos que os filhos sejam bem-sucedidos para a validação dos próprios pais. Ou ultrapassamos o orçamento porque aquela roupa proporcionaria uma boa sensação temporária.

Seja o que for, se realmente vamos parar de rodear as montanhas e ir para o norte rumo às mudanças duradouras, temos de nos esvaziar da mentira de que as outras pessoas ou coisas podem preencher nosso coração por completo. Então, temos de nos encher deliberadamente das verdades de Deus e permanecer seguras em seu amor.

SEGUNDA EU RECOMEÇO!

Quanto mais me encho, menos me vejo pegando aquele copinho em forma de coração. Tenho de substituir mentalmente as mentiras usando alguns dos meus versículos favoritos para me lembrar de como o amor de Deus realmente é completo. Aqui estão alguns exemplos de como eu ajo:

Velha mentira: Eu preciso desses Oreos. Eles vão encher meu estômago e o sabor é delicioso.

Nova verdade: A ideia de que esses biscoitos Oreos vão me preencher é uma mentira. O gosto bom deles vai durar o tempo que levo para mastigá-los. Então, aquele sentimento vazio de culpa surgirá assim que "o grau" do chocolate passar. Eu quero comer neste exato momento porque preciso de nutrientes ou porque estou me sentindo vazia emocionalmente ou espiritualmente? Se eu realmente preciso de um lanche, sou capaz de escolher uma opção mais saudável.

Versículo favorito: "Para que Cristo habite no coração de vocês mediante a fé; e oro para que, estando arraigados e alicerçados em amor, vocês possam, juntamente com todos os santos, compreender a largura, o comprimento, a altura e a profundidade, e conhecer o amor de Cristo que excede todo conhecimento, para que vocês sejam cheios de toda a plenitude de Deus" (Efésios 3:17-19).

Velha mentira: Eu sou uma impostora nesse quesito de alimentação saudável. Por que sacrificar a gratificação imediata agora quando sei que no final sempre volto para meus velhos hábitos?

Nova verdade: Eu não sou uma impostora. Eu sou a filha amada por Deus. Parte do meu direito como filha de Deus é viver sob um poder além das minhas forças. O Espírito

Santo é um presente de Deus para mim, então eu consigo usar o domínio próprio que me foi dado.

Versículo favorito: "Vejam como é grande o amor que o Pai nos concedeu: sermos chamados filhos de Deus, o que de fato somos!" (1João 3:1).

Velha mentira: Deus parece estar tão distante, e as batatas fritas estão a uma distância do McDonald's mais próximo.

Nova verdade: As batatas fritas não me amam. E a coisa mais duradoura que ganho delas é o colesterol e a celulite,, o que só aumenta minha frustração. O amor de Deus está lá, presente nesse momento. Seu amor é verdadeiro e traz consigo apenas efeitos positivos.

Versículo favorito: "Mas o amor leal do Senhor, o seu amor eterno, está com os que o temem e a sua justiça com os filhos dos seus filhos" (Salmos 103:17).

Esse é só o começo do processo de substituir as mentiras e as racionalizações pelas verdades do amor de Deus. Eu encorajo que você escreva suas próprias velhas mentiras e novas verdades. O processo de abandonar as velhas mentiras é difícil e pode produzir alguns chiliques. É por isso que é tão importante ter as verdades para substituir as mentiras.

Oro para que estejamos todas nessa jornada de substituição de mentiras, aceitando a verdade e aprendendo que a comida não foi feita para preencher os lugares mais profundos do nosso coração, reservados apenas para Deus. Nem nos bons dias. Nem nos maus dias. Nem "naqueles" dias, péssimos, podres, horríveis. Jesus diz: "Eis que coloquei diante de você uma porta aberta que ninguém pode fechar" (Apocalipse 3:8). Que isso nos faça atravessar essa porta, ir para o norte e jamais olhar para trás.

CAPÍTULO 12

A maldição
da calça jeans skinny

Já que alcancei meu peso ideal, pensei que realmente jamais teria dias atribulados de novo.

Uau, como eu estava enganada.

Deve ter sido uma semana de total alegria. Eu alcancei um marco importante em minha jornada de alimentação saudável — os resultados. Consegui vestir meu par de calça jeans *skinny*. Eu não só consegui puxá-la acima o quadril e abotoar, mas também consegui respirar! Oh, sim senhora, eu podia respirar e me mexer e até sentar sem medo de estourar as costuras.

Já passou por esse tipo de situação louca? Como a maioria das mulheres, eu salvei esse par de jeans *skinny* de muitas, muitas vezes em que renovei meu guarda-roupa. Todos os meus outros jeans de tamanho menor, que eu não usava há muito tempo, haviam sido empacotados e levados para o brechó. Mas esse par específico foi poupado como um símbolo de uma promessa que fiz a mim mesma de um dia perder peso — de novo.

De vez em quando eu pegava o jeans, cruzava todos os dedos das mãos e dos pés e tentava desafiar as probabilidades vestindo a calça. Puxei, repuxei e deitei no chão para tentar esticar esse jeans que deve ter encolhido na secadora. Lá no fundo eu sabia que não era o caso de a lavagem da peça ter dado errado, mas meu coração vivia em negação. Com minha recusa em fazer mudanças em meus hábitos alimentares, a possibilidade de eu vestir aquele jeans não passava de uma ilusão.

Até agora.

Enquanto euo vestia e o abotoava com facilidade, abri um sorriso de orelha a orelha. Dancei pelo meu quarto com os braços para o céu. Vitória com sabor de mel! Senti que podia conquistar o mundo. Até que, apenas algumas horas depois, meu mundo me fez chorar.

Um e-mail ofensivo. Uma atitude grosseira de um dos meus filhos. Uma reunião que perdi. Uma casa bagunçada. Uma situação estressante no trabalho. Um boleto inesperado. Um jantar que praticamente ninguém da família comeu. Eu me vi ficando mal-humorada, irritada com o remetente do e-mail, à beira de um ataque de nervos com a bagunça e o estresse, frustrada com aquele boleto e zangada porque ninguém gostou do meu jantar.

Como eu podia me sentir assim? Eu estava usando minha calça jeans *skinny*, pelo amor de Deus! Sempre pensei que, se eu pudesse vestir aquela calça, minha vida seria um mar de rosas e eu estaria sempre sorrindo. No entanto, ali estava eu, poucas horas depois, sendo vítima do mesmo caos do passado.

Essa é a maldição da calça jeans *skinny*. O tamanho do meu corpo não está relacionado à minha felicidade. Se estava faltando alegria quando eu era mais cheinha, ainda faltaria quando eu ficasse mais magrinha.

Ligando minha felicidade às coisas erradas

Ligar minha felicidade às coisas erradas é em partes o motivo do meu ganho de peso desde o começo. Desfrutei de muitas experiências principalmente por causa da comida que havia nelas. Nas sessões de cinema, tinha a pipoca. Numa festa de aniversário, tinha o bolo. Num jogo de futebol, tinha os petiscos. Numa reunião da empresa, tinha o café *gourmet*. Para assistir à

TV, tinha as batatas fritas. Num passeio de verão, tinha o sorvete. Num passeio de inverno tinha o chocolate quente.

Ligar minha felicidade à comida, à calça jeans *skinny* ou a qualquer coisa me prepara para a derrota. Sem mencionar que, uma vez que visto aquela calça jeans *skinny*, minha euforia é rapidamente arruinada pelo medo de ganhar peso de novo.

Tenho de aprender a ligar minha felicidade à única estabilidade eterna que existe e permanecer nela. Ah, as orações que fiz a Deus inúmeras vezes para Ele me ajudar, me equilibrar e me alegrar somente nele é o famoso aprender a permanecer. Isaías 55:8-12 ilustra de modo belo exatamente o que estou falando:

> "Pois os meus pensamentos não são os pensamentos de vocês, nem os seus caminhos são os meus caminhos", declara o Senhor. "Assim como os céus são mais altos do que a terra, também os meus caminhos são mais altos do que os seus caminhos; e os meus pensamentos, mais altos do que os seus pensamentos. Assim como a chuva e a neve descem dos céus e não voltam para eles sem regarem a terra e fazerem-na brotar e florescer, para ela produzir semente para o semeador e pão para o que come, assim também ocorre com a palavra que sai da minha boca: ela não voltará para mim vazia, mas fará o que desejo e atingirá o propósito para o qual a enviei.
>
> Vocês sairão em júbilo e serão conduzidos em paz."

Percebeu o quanto a Palavra de Deus é perfeita? Ela é a água que rega a terra e faz florescer. É por isso que as palavras de Jesus em João capítulo 15 são tão cruciais para aplicarmos, se temos a alegria eterna.

Aqui está a descrição de Jesus:

SEGUNDA EU RECOMEÇO!

Como o Pai me amou, assim eu os amei; permaneçam no meu amor. Se vocês obedecerem aos meus mandamentos, permanecerão no meu amor, assim como tenho obedecido aos mandamentos de meu Pai e em seu amor permaneço. Tenho dito estas palavras para que a minha alegria esteja em vocês e a alegria de vocês seja completa. O meu mandamento é este: Amem-se uns aos outros como eu os amei" (v. 9-12).

Tenho que admitir, já li esses versículos várias vezes, enquanto acenava com minha cabeça, dizendo "Isso mesmo, é desse jeito". Mas recentemente, algo novo saltou aos meus olhos. Somos ensinadas a permanecer no amor de Deus, para que não relacionemos nossa felicidade a mais ninguém, a não ser a Deus. Assim nossa alegria será completa.

Completa. Como se não faltasse nada. Como se estivesse cheia de alegria. Como se estivéssemos numa plenitude que não conseguimos ter de outra forma. Já imaginou como seria lindo viver como uma pessoa completa?

Pessoas incompletas são complicadas, exigentes e sempre estão em busca de algo a mais. As pessoas incompletas pensam que vestir sua calça jeans *skinny* corrigirá todos os seus erros e preencherá todas as inseguranças. Pessoas incompletas descobrem rapidamente que suas calças jeans *skinny* não mudam suas vidas, exceto o número na etiqueta.

Elas estão desesperadas para que os outros percebam o progresso da dieta, mas compreendem rapidamente que os elogios não garantem conexão emocional ou intimidade. Elas não são mais queridas, aceitas ou bem-vindas.

E a má notícia é que todas nós somos incompletas. A boa-nova é que Jesus ama gente incompleta. E Ele quer que saibamos que podemos ter alegria completa estando seguras em seu amor para estender a mão e amar outras mulheres incompletas.

A MALDIÇÃO DA CALÇA JEANS SKINNY

Os atos de bondade feitos de tarde

Tenho de admitir que amar as pessoas incompletas não parece ser o caminho óbvio para a alegria. E não parece ser um tópico óbvio para abordar em um livro sobre como ficar saudável. Mas acompanhe meu raciocínio, pois talvez você se surpreenda.

Outro dia eu estava pensando em alguns daqueles e-mails ofensivos que mencionei anteriormente e cheguei à conclusão de que pessoas incompletas são um gatilho que me faz querer comer. Elas são complicadas, sensíveis e com reações instáveis, com o potencial de drenar minha determinação e me deixar mal-humorada.

A última coisa que quero fazer quando uma pessoa despeja sua carência em mim é amá-la. Prefiro pegar um pacote de Cheetos e racionalizar como o momento pede essa guloseima. Daí quero me sentar em meu sofá e dizer para o ar ao meu redor o quanto eu amo Cheetos e o quanto odeio gente carente.

E se eu pudesse ser corajosa o suficiente para agir e reagir como uma pessoa completa — uma mulher cristã que tem a alegria do Senhor como sendo seu sustento e direção? Em vez de olhar para a ofensa dessa pessoa carente, e se eu pudesse ver além da dor que, com certeza, deve estar por detrás de sua reação instável?

Eu paro. Não corro para o pacote de Cheetos. Eu não reajo com crueldade por minha própria carência. Não me afundo em pensamentos do quanto injusta e desagradável é a outra pessoa. Ao contrário, escolho amar. Silenciosamente pego um pedaço de papel e respondo com palavras cheias de graça. Ou escrevo um e-mail com uma mensagem de compaixão.

Melhor ainda, e se eu fizesse isso toda tarde, mesmo quando não tive uma discussão com alguém carente, mas só estou desejando guloseimas que não devia comer? Tenho tentado isso ultimamente e estou amando. Os atos de bondade à tarde ainda são outros resultados inusitados, porém lindos, os quais permitem que Jesus guie minha busca pela alimentação saudável.

Todos os dias tenho perguntado a Jesus quem em minha vida precisa de palavras de encorajamento, e Ele sempre coloca alguém em meu coração. Então, em vez de preencher minhas tardes com pensamentos de frustração em relação aos outros ou pensamentos tentadores sobre comida, eu as preencho com os pensamentos do Senhor de amor para com os outros. E é um ótimo lugar para estar, quer eu esteja vestindo minha calça jeans *skinny*, quer não.

Afinal, o objetivo dessa jornada não é me tornar uma pessoa mais magra, mas desejar que Jesus e suas verdades preencham ao máximo meu coração. Temos de permanecer nessa perspectiva de alimentação saudável. Que os pensamentos do Senhor sejam também os nossos. Permaneça! Que seus caminhos sejam nossos caminhos. Permaneça! Que suas verdades cheguem ao fundo do nosso coração e gerem bons frutos em nossa vida. Permaneça. Aborde este mundo cheio de gente carente com a alegria de Jesus. Permaneça! Veja sua calça jeans *skinny* como uma recompensa divertida e nada mais. Permaneça! E seja conduzida em paz porque você manteve sua felicidade ligada somente a Jesus. Permaneça!

CAPÍTULO 13

Vícios
excessivos

Eu não soube bem o que pensar quando meu pastor subiu ao altar com uma garrafa de vinho e começou a servir um copo. Ver uma garrafa de vinho no centro de uma igreja na *Bible Belt* é algo que não acontece. Jamais. Bebemos suco de uva para a Santa Ceia.

Então, ele pediu para nos colocarmos de pé para a leitura da Palavra de Deus, que era a passagem de João 2, em que Jesus transforma a água em vinho. O objetivo de seu sermão era esclarecer alguns tabus culturais de beber vinho para que pudéssemos ver o que a Bíblia realmente diz.

Claro, meu pastor lidou com esse ensinamento com muita delicadeza. Aqueles que são menores de idade ou têm problemas com álcool e não podem tomar uma taça de vinho sem serem irresponsáveis devem evitá-lo completamente. Ele também disse para não sermos uma pedra de tropeço para aqueles que lutam contra os vícios. Tomar ou não uma taça de vinho no jantar não era o objetivo do sermão; o objetivo era saber o que a Bíblia diz sobre os problemas que enfrentamos todos os dias e aplicar esses versículos em nossa vida de maneira adequada.

Então ele mudou de assunto e voltou sua atenção para a comida.

Agora, aquele foi realmente um dia histórico na igreja. Ver vinho no templo foi bastante chocante, mas nunca ouvi um pregador falar sobre gula na igreja. E seu ponto de vista era brilhante. Como podemos acenar negativamente para o álcool apenas para entrar na cantina da igreja e nos empanturrar com delícias fritas, besuntadas e excessivamente calóricas, que afundam nossos pratos descartáveis e fazem nosso estômago clamar por antiácidos?

Vícios são vícios. Comer ou beber em excesso é pecado. A Bíblia chama isso de glutonaria.

O ensinamento bíblico a respeito disso é claro: "Não ande com os que se encharcam de vinho, nem com os que se empanturram de carne. Pois os bêbados e os glutões se empobrecerão, e a sonolência os vestirá de trapos" (Provérbios 23:20,21). Aqui está outro versículo: "Quem obedece à lei é filho sábio, mas o companheiro dos glutões envergonha o pai" (Provérbios 28:7).

Imagino que você esteja pensando se temos realmente de abordar essa questão da glutonaria. Não é exatamente o tópico mais divertido, mas temos de abordá-lo e vou explicar o porquê. Aparentemente, tudo o que estamos tratando é a comida e a quantidade que consumimos. Na verdade, há um fator enraizado bem mais sério. Empanturrar-nos de comida ou bebida ou envolver-nos emocionalmente em um relacionamento impróprio são tentativas desesperadas de calar os gritos de uma alma faminta.

Uma alma que anseia por ser preenchida

Uma alma faminta é igual ao aspirador de pó que minha mãe usava quando eu era criança. Ele tinha um longo tubo de metal que sugava vorazmente tudo e qualquer coisa diante dele. Sugava a poeira com o mesmo furor com que sugava uma nota de dinheiro. Sei por experiência própria.

Nossa alma tem a mesma intensidade voraz. Foi assim que Deus nos criou — com o anseio de sermos preenchidas. É um desejo que Ele incutiu em nós, para nos atrair a uma profunda intimidade com Ele. O salmista expressou esse anseio como sendo uma sede intensa: "Como a corça anseia por águas correntes, a minha alma anseia por ti, ó Deus. A minha alma tem sede de Deus, do Deus vivo. Quando poderei entrar para apresentar-me a Deus?" (Salmos 42:1,2).

Se não conseguirmos entender como preencher nossa alma com os nutrientes espirituais, seremos para sempre condicionadas a entorpecer nossos anseios com outros prazeres físicos temporários. Quando esse prazer é a comida, o comportamento resultante costuma ser chamado de "fome emocional". Mas essa questão vai além das emoções; realmente é uma privação espiritual.

Dificilmente acho irônico o fato de eu ter dificuldades com a comida enquanto digito estas palavras. Uma situação na minha vida abriu caminho para os lugares mais vulneráveis do meu coração. E quando meu coração se sente vulnerável, minha determinação também pode ficar do mesmo jeito.

Falaremos mais sobre o vazio emocional no próximo capítulo. Por enquanto, vamos nos concentrar nos gatilhos que surgem nos dias difíceis, quando um lado meu diz: "Você merece petiscos, Lysa. Só um dia comendo de tudo e o quanto você quiser".

Percebi que quando a vontade de comer guloseimas é desencadeada por emoções complexas, não é bem uma vontade de comer petiscos — é uma tentativa velada de automedicação. E a automedicação com comida, mesmo sendo só uma vez, desencadeia ciclos viciosos que devo evitar.

Também é importante observar que nem toda gula é causada por reações emocionais. Às vezes exageramos porque não temos autocontrole para dar um basta. E me parte o coração sempre que os irmãos na igreja simplesmente ignoram esse assunto.

SEGUNDA EU RECOMEÇO!

Então, o que devemos fazer?

Alguns anos atrás, as palavras *porção controlada* adquiriram um novo significado quando estudei o livro de Êxodo e observei a curiosa resposta emocional que o povo de Deus teve depois que Moisés os libertou da escravidão no Egito. Eles tinham acabado de ver Deus fazer vários milagres para ajudá-los a escapar de seus algozes, mas entraram em pânico quando se tratou de comida.

> No deserto, toda a comunidade de Israel murmurara contra Moisés e Arão. Disseram-lhes os israelitas: "Quem dera a mão do SENHOR nos tivesse matado no Egito! Lá nos sentávamos ao redor das panelas de carne e comíamos pão à vontade, mas vocês nos trouxeram a este deserto para fazer morrer de fome toda esta multidão!".
>
> Disse, porém, o SENHOR a Moisés: "Eu lhes farei chover pão do céu. O povo sairá e recolherá diariamente a porção necessária para aquele dia. Com isso os porei à prova para ver se seguem ou não as minhas instruções" (16:2-4).

Em outras palavras, Deus planejou usar a questão alimentar dos israelitas para ensinar-lhes a lição valiosa da dependência diária do Senhor. Como?

Todos os dias eles deviam pedir a Deus sua porção, então Ele faria chover exatamente o que eles precisavam para se alimentar. O alimento ficou conhecido como *maná*, que imagino ser algo como floquinhos de batatas doces. Os israelitas deveriam sair todos os dias e colher a quantia suficiente para um dia.

Eles nunca deveriam colher a mais e construir grandes depósitos de maná. Não, Deus queria que eles pegassem apenas a sua porção diária. No dia seguinte, eles buscariam o Senhor novamente e receberiam a porção diária. A única exceção era na véspera do sábado, quando podiam colher uma porção dobrada para não terem de trabalhar no dia santo.

Faríamos bem em aplicar esse mesmo processo às nossas dificuldades alimentares. A cada dia Deus pode ser a porção perfeita de tudo de que precisamos — cada anseio que temos, cada desejo desesperado pelo qual nossa alma clama. Deus será nossa porção. Com isso em mente, vamos visitar algumas das lutas emocionais que muitas vezes podem desencadear uma reação de gula em nós.

Um relacionamento chega ao fim. Em vez de agarrar um pote de sorvete, pergunto: "Deus, tu serás minha porção de cura e companhia neste dia? Odeio essa rejeição, e ela dói. Às vezes sinto como se a solidão fosse me engolir viva. Não consigo lidar sozinha com isso. Seja minha porção".

Esse grande gigante vai ao chão. Em vez de pedir o prato de macarrão nadando em molho de tomate no almoço, eu oro: "Deus, quero desesperadamente ter conforto agora, e esse macarrão parece ser tão reconfortante. Sentir-me como uma impostora me faz querer dizer 'Quem se importa?' e comer o que quiser. Tu serás minha porção de conforto, força e sucesso neste momento?".

Meus filhos estão me deixando louca. Em vez de devorar três pedaços de bolo de chocolate, eu oro: "Deus, quero desesperadamente ser uma mãe com paciência. Não sei se posso ser uma mãe paciente pelo resto da minha vida, mas com tua porção de força posso confiar em ti neste momento e tentar não remediar meus defeitos com comida".

Seja qual for a situação, continuo pedindo a Deus para Ele ser minha porção diária várias vezes. E um dia terei vitória sobre essas questões, em vez de apenas olhar para trás, para uma pilha de migalhas de bolo e rio de lágrimas. Aqui está uma promessa bíblica na qual podemos confiar:

SEGUNDA EU RECOMEÇO!

Graças ao grande amor do SENHOR é que não somos consumidos, pois as suas misericórdias são inesgotáveis. Renovam-se cada manhã; grande é a sua fidelidade! Digo a mim mesmo: A minha *porção* é o SENHOR; portanto, nele porei a minha esperança (Lamentações 3:22-24, ênfase da autora).

Compreender a verdade de que Deus é nossa porção tem o potencial de transformar mais do que apenas nossos hábitos alimentares; pode transformar nossas reações a todos os aspectos da nossa vida. Praticar o controle da porção de Deus foi crucial para o desenvolvimento espiritual dos israelitas e também é crucial para nós. Deus não mede palavras sobre suas expectativas ou promessas:

Não tenha deus estrangeiro no seu meio; não se incline perante nenhum deus estranho. Eu sou o SENHOR, o seu Deus, que o tirei da terra do Egito. Abra a sua boca, e eu o alimentarei. (Salmos 81:9,10).

Quer estejamos falando sobre comida, vinho, sexo, compras ou qualquer outra coisa com a qual tentamos nos satisfazer, nada neste mundo pode nos preencher como a porção de Deus. Nada mais é inesgotável e absoluto. E não digo tudo isso com um sorrisinho maroto, esperando que funcione. Clamo das profundezas da minha alma, pois sei que funciona, "porque ele sacia o sedento e satisfaz plenamente o faminto" (Salmos 107:9).

CAPÍTULO 14

Vazio
emocional

Quase quinhentos gramas de gordura são equivalentes a 3.500 calorias, o que faz de ganhar ou perder peso uma equação matemática bastante óbvia. Para perder peso precisamos queimar mais calorias do que consumimos, então nossa gordura armazenada é queimada igual ao combustível.

    Embora isso seja tão real para mim quanto para qualquer outra pessoa, há coisas que tornam a esperança de perder peso um pouco mais complicada para mim. Em algum lugar por trás de toda a matemática, uma força menos moderada está trabalhando dentro de mim. Ela assume a forma de um vazio ou uma falta. Enquanto deslizo meus dedos pela minha trajetória de vida, posso me lembrar de momentos em que o vazio espiritual e emocional me deixou vulnerável. A forma da minha falta foi a ausência de um pai biológico. Era como se alguém segurasse minha foto de família e retirasse sua forma da nossa vida com a precisão de um laser.

    Lá estávamos nós — minha mãe, minha irmã e eu — com um buraco que se estendia muito mais fundo do que uma fotografia recortada. Tudo dele se foi. Seu rosto que devia ter sido admirado pelos seus filhos. Seus braços que deviam ter trabalhado para nos sustentar. Seus pés que eu devia ter me permitido pisar enquanto ele dançava comigo pela sala. Sua mente que devia ter compartilhado palavras de sabedoria do porquê hamsters de estimação morrem e porque os meninos de vez em quando partem o coração das mocinhas.

SEGUNDA EU RECOMEÇO!

Ele levou consigo muito mais do que ele jamais pode imaginar. Aquelas malas e caixas organizadoras não só continham cuecas, gravatas, troféus antigos e livros empoeirados. Em algum lugar entre seu desodorante e os arquivos de escritório, havia o coração despedaçado de uma menininha.

Agora, não sou uma grande fã em apontar as dores da minha infância e dizer: "Todos os meus problemas podem estar ligados ao que os outros fizeram comigo". Em algum momento, percebi que todo mundo tem dores do passado. E todos têm a opção de deixar que as dores continuem a prejudicá-las ou permitir que o perdão abra caminho para ter mais compaixão pelos outros. Mas a realidade do abandono de meu pai criou alguns hábitos prejudiciais à saúde que perduraram por toda minha vida.

O vazio tem um modo de exigir ser preenchido. E quando eu não conseguia descobrir como preencher o que faltava em meu coração, meu estômago estava mais do que disposto em dar algumas sugestões. A comida tornou-se um conforto que eu podia abrir e fechar como uma torneira. Era fácil. E estava disponível. E de alguma forma, cada vez que meu coração parecia estar um pouco vazio, meu estômago percebia os sinais e sugeria que eu o alimentasse.

Quando decidi escolher uma alimentação saudável, comecei fazendo uma oração bem simples: "Incomode-me". Durante meu processo inquietante, percebi como o vazio emocional é um gatilho para minha alimentação. Muito desse vazio emocional se originou daquela menininha voltando da escola e ouvindo: "Seu pai foi embora". Aquele fato foi tão considerável, tão desgastante, que encheu minha mente apenas com lembranças negativas do meu pai. Na minha cabeça, ele nunca me amou.

E quer saber? Talvez ele não amasse. Mas ter minha mente paralisada só por pensamentos negativos a respeito do meu pai

VAZIO EMOCIONAL

deixou uma tristeza tão grande em meu coração que pensei em coisas que nunca existiram.

Por vezes eu era capaz de ignorar essa tristeza com um pequeno suspiro e recitar quem eu sou em Cristo. Mas outras vezes isso me deixava com raiva. E na defensiva. E com fome. E profundamente insatisfeita.

Sinceramente, nunca pensei que nada além de tristeza pudesse ser relacionado ao meu pai. Eu entrei em contato com ele com alguns telefonemas e cartas ao longo dos anos, mas nenhuma restauração milagrosa aconteceu. Nenhum final feliz, onde de repente ele bate na minha porta e diz: "Sinto muito". Nenhum bilhete há muito tempo perdido que finalmente chegou até mim dizendo: "Eu sempre amei você". Apenas uma mágoa não resolvida e essa sensação incômoda de que sua ausência era devida parcialmente ao fato de eu não ser o que ele gostaria que eu tivesse sido.

Isso é um peso enorme para uma menininha carregar. É um peso enorme, mesmo para nós, meninas adultas.

Então, um dia, Deus me surpreendeu da forma mais incomum. Eu estava orando para que o Senhor me tornasse consciente de todos aqueles lugares com os quais eu havia me conformado que eram impossíveis de mudar. E enquanto meu pai ainda não fazia nenhum esforço para entrar em contato comigo, uma doce lembrança dele mudou meu ponto de vista sombrio.

Vários invernos atrás, minha família e eu viajamos para o estado norte-americano de Vermont, onde acordei certa manhã para ver o que uma tempestade de neve noturna nos trouxe. Eu nunca tinha visto tanta neve em toda a minha vida. Mas o que realmente me chamou a atenção foram as gigantescas estalactites de gelo penduradas na beira do telhado. Elas eram gloriosas.

Enquanto eu as admirava, de repente uma lembrança de meu pai passou pela tela da minha mente.

SEGUNDA EU RECOMEÇO!

Eu cresci na Flórida, o que significava que nunca nevava. Mas eu me lembro de orar pedindo por neve. Confesso que orei como um pregador de avivamento em uma reunião da igreja.

Certa noite, as temperaturas caíram de modo surpreendente e o meteorologista previu uma geada, o que era raro em nossa região. Que trágico não ter tido precipitação. Foi a única noite em que era possível nevar. Isso quebrou meu coraçãozinho de neve.

Na manhã seguinte, porém, acordei com a visão mais incrível: estalactites de gelo por toda parte. Estalactites de gelo gloriosas, brilhantes, penduradas, pingando e refletindo a luz do sol e estavam em todas as árvores no nosso quintal.

Foi mágico.

Éramos a única casa no quarteirão com essa grande exibição de inverno, pois eu era a única menina cujo pai pensou em colocar aspersores para irrigação de modo intencional na noite em que tudo congelou. Eu não sei onde essa lembrança estava guardada.

E que presente! Em algum lugar profundo, misterioso e ferido no coração do meu pai, havia um indício de amor. E embora isso certamente não resolva todas as complicações de ser abandonada por meu pai, isso me dá um conceito saudável do que pensar no que lhe diz respeito — um daqueles bons pensamentos que a Bíblia diz para pensarmos:

> Finalmente, irmãos, tudo o que for verdadeiro, tudo o que for nobre, tudo o que for correto, tudo o que for puro, tudo o que for amável, tudo o que for de boa fama, se houver algo de excelente ou digno de louvor, pensem nessas coisas (Filipenses 4:8).

Eu gosto de chamar isso de "colocar minha mente em um lugar melhor".

VAZIO EMOCIONAL

É tão fácil colocar nossa mente em lugares ruins. E é aqui que a autopiedade acontece, e todos sabemos que ela exige uma abundância de guloseimas de alto teor calórico. Ela também é uma forma cruel de entretenimento, pois deixa para trás um vazio mais profundo do que antes.

E lá eu me sentava com a mente cheia de culpa, o estômago empanturrado, o coração vazio e a alma cheia de raiva porque meu pai continuava a me magoar mesmo depois de tantos anos.

Mas essa memória de estalactites de gelo me deu um novo lugar para fixar minha mente. Um lugar onde eu pudesse buscar a verdade em vez de buscar chocolate. Um lugar onde tudo que é amável poderia ser algo além dos nachos no *drive-thru* da Taco Bell. E algo excelente poderia ser minha reação vitoriosa ao adotar hábitos como orar, ler as Escrituras e praticar atividade física para combater o estresse, em vez de descontar meu vazio emocional na comida.

E você? Há algo do seu passado que causa um vazio emocional? Como primeiro passo para a cura, você consegue pensar em uma coisa boa dessa situação passada? Ou talvez algo de bom tenha acontecido, apesar da dor do ocorrido? Se não, peça a Deus para dar a você alguns bons lugares para colocar sua mente. Em seguida, tente fazer o seguinte exercício baseado em Filipenses 4:8. Aqui está como eu fiz tudo isso com o vazio que sentia causado pelo meu pai:

Tudo o que for verdadeiro: Meu pai estava com o coração partido. Apenas pais assim abandonam seus filhos. Isso não é um reflexo meu. É simplesmente um triste reflexo das escolhas que ele fez. Mas também é verdade que ele teve de superar seu quebrantamento naquela noite para instalar os aspersores para sua filhinha. E por menor que seja esse gesto, foi um gesto de amor.

Tudo o que for nobre: Eu não tenho de viver como filha de um pai de coração partido pelo resto da vida. Posso viver como uma filha do Rei dos reis que não só me quer, mas prometeu nunca, jamais me abandonar. Na verdade, a Bíblia promete: "Perto está o Senhor" (Filipenses 4:5). E o Senhor estava perto na noite dos aspersores. Embora meu pai declarasse ser ateu, estou convencida de que Jesus rompeu sua couraça naquela noite e estava perto dele. Mesmo que ele não tenha aceitado Jesus, meu pai estava bem perto naquela noite para ver como o amor pode ser lindo. Espero que papai se lembre disso.

Tudo o que for correto: Tudo de correto e bom nesta vida tem o toque de Deus. Fico feliz em pensar que naquela noite deve ter havido dois conjuntos de impressões digitais naquele aspersor amarelo enferrujado. Meu pai biológico o configurou e ligou. Mas meu papai celestial certificou-se de que o aspersor estivesse posicionado no modo certo para formar estalactites de gelo que congelaram as árvores e aqueceram meu coração.

Tudo o que for puro: Deus também pôs no coração do homem o anseio pela eternidade (Eclesiastes 3:11). Então, mesmo com todas as trevas que pareciam cercar meu pai, rompeu uma luz pura de abnegação que evidenciou que algo bom estava acontecendo dentro dele. Ternura em uma noite fria. Pureza em meio ao pecado sujo, em meio aos corações partidos e às vidas corrompidas.

Tudo o que for amável: Deus pode remover a feiura e construir coisas bonitas a partir dela. Do pó da terra, Ele criou os seres humanos. Ele curou um cego esfregando lama nos olhos do doente. Essa é uma qualidade amável de Deus. Aquele amor transbordou e ajudou meu pai a pensar em estalactites de gelo. E em um quintal que nunca viu brincadeiras de pega-pega, uma casa na árvore ou conversas entre pai e filha, houve uma vez uma exibição gloriosa de amor que só nós tínhamos.

Tudo o que for de boa fama, se houver algo de excelente ou digno de louvor: Eu não diria que meu pai era de boa fama, excelente ou digno de louvor. Mas, novamente, talvez eu deveria ter dito. Talvez, como as estalactites de gelo, existem outras memórias há muito tempo esquecidas e encobertas pela escuridão de sua partida cruel.

No final, meu Senhor pegou meu coração despedaçado e o removeu das caixas que meu pai levou naquele dia terrível. Pedacinho por pedacinho, Deus criou um mosaico em meu coração — um mosaico de restauração, cura e compaixão. Sou a pessoa que sou hoje em parte por causa da dor de ter sido abandonada pelo meu pai. Eu não teria escolhido aquele pedacinho do meu mosaico, mas como é bom Deus colocar bem ao lado da ferida um pedaço de vidro transparente em forma daquelas amáveis estalactites de gelo do passado. Uma memória em que posso refletir. Uma memória que é verdadeira, nobre, pura, correta, amável, de boa fama, excelente e digna de louvor. E preenchedora.

Percebo que o que escrevi aqui é apenas um primeiro passo neste processo. Muitas vezes, essas questões são grandes e complicadas e um pouco parecidas com descascar as camadas de uma cebola.

Se precisar de mais ajuda, seja honesta com você mesma e procure uma boa conselheira cristã. Geralmente, as igrejas podem indicar conselheiras perto do seu bairro que baseiam seus conselhos nas verdades bíblicas. Eu não estaria onde estou hoje sem pedir às conselheiras que falassem a verdade para mim.

Nesse momento, contudo, encontrar uma lembrança de uma gentileza no meio do caos é um bom começo. Realmente um bom começo. Um que vale a pena procurar.

Então, pai, se você ler este livro por acaso, eu oro para que você se lembre da noite maravilhosa das estalactites de gelo. Pois é um fio mútuo de esperança que une dois corações muito distantes.

E isso me faz sorrir.

CAPÍTULO 15

O demônio do pôster das batatas fritas

Nos últimos capítulos, falamos sobre substituir os velhos roteiros de raciocínio lógico pela verdade. Talvez eu seja a única mulher que faz uma dieta louca, cheia de racionalizações, mas aqui está outro lógica que devemos abordar: "Se ninguém descobre, então as calorias não contam".

Sei que isso não faz absolutamente nenhum sentido. Mas, amiga, esquivar-se quando ninguém mais está olhando vai destruir seu plano de alimentação saudável. Então, quando ouço essa lógica acontecendo na minha cabeça, não tento substituí-la por um guia. Pelo contrário, eu fujo. Eu tenho de me afastar da tentação.

Lembre-se, esta não é apenas uma batalha no âmbito físico e mental. Esta batalha também é espiritual. Satanás quer que escondamos as coisas. Coisas escondidas e feitas em segredo dão pistas ao pai das trevas sobre nossas fraquezas e dão brechas para ele nos atacar com esquemas. É por isso que o apóstolo Paulo escreveu: "Finalmente, fortaleçam-se no Senhor e no seu forte poder. Vistam toda a armadura de Deus, para poderem ficar firmes contra as ciladas do Diabo" (Efésios 6:10,11).

Aqui está como o pastor e autor Chip Ingram caracterizou os esquemas de Satanás:

> Eles são feitos para nos tentar, enganar e afastar-nos de Deus, encher nosso coração com meias-verdades e mentiras

SEGUNDA EU RECOMEÇO!

e desviar-nos de buscar as coisas boas do modo errado, no momento errado ou com a pessoa errada. A palavra *estratégias* vem do grego que Paulo usa, que é traduzido por "esquema". Isso significa que nossas tentações não são aleatórias... As mentiras que ouvimos, os conflitos com o próximo, os desejos que nos consomem quando estamos mais fragilizados — tudo faz parte de um plano para nos tornar vítimas em uma guerra invisível. Elas são organizadas, ataques injustos feitos para neutralizar o povo que Deus já encheu de seu poder extraordinário.[6]

Percebeu o que Chip incluiu em sua lista de esquemas específicos de Satanás? *Os desejos que nos consomem quando estamos mais fragilizados.* Porém devemos lembrar que temos um poder maior do que qualquer desejo que enfrentamos.

Na noite anterior à escrita dessas linhas, enfrentei uma das minhas batalhas mais ferrenhas.

Tive um dia cheio e decidi pegar uma "quentinha" em um dos meus restaurantes preferidos a caminho de casa. Pedi peixe grelhado com brócolis cozidos no vapor. Satisfeita com minha escolha e com minha autodisciplina, fui para o local de retirada. Foi quando o ataque começou.

Um pôster gigante das melhores batatas fritas com salsa que você já viu na vida estava pendurado no caixa. A mulher atrás do balcão estava tentando me perguntar se eu precisava de talheres de plástico e confirmar meu pedido.

Dentro do meu cérebro, uma mulher de espírito fraco começou a gritar: "Não, meu pedido não está certo! *Eu preciso dessas batatas fritas! Muitas, muitas batatas fritas!*".

Era como se aquelas batatas fritas estivessem dançando na minha frente e cantando aquela música dos anos 1980: "Don't you want me baby... don't you want me, ohhhhhh oh?" [Você não me quer, amor? Você não me quer, ohhhhhh oh?]

Queria começar a recitar aquela velha ladainha em minha cabeça que iria justificar meu frenesi por batatas fritas: *Você teve um dia tão difícil. Você tem sido boazinha faz tempo. Quem iria descobrir? E se ninguém descobrir, as calorias não contam, certo? Além disso, é só um pedido de batatas fritas com salsa. As outras comidas que você pediu são saudáveis. Apenas quebre a dieta desta vez, depois você entra na linha nos próximos dias.*

Mas outra coisa estava martelando na minha mente. A verdade. Muitos versículos que já abordamos se espalharam e começaram uma batalha naquele velho plano que tenta me desviar. Eu podia sentir a tensão. Literalmente, enquanto eu demorava para responder se eu precisava ou não de talheres descartáveis, as verdades e as mentiras disputavam minha atenção. Foi quando eu percebi que eu tinha o poder de determinar quem ia ganhar. Eu tinha o poder. As batatas fritas não.

E o poder era reconhecer que ainda não estou num lugar em que consigo lidar com as batatas fritas. Minha fragilidade não consegue lidar com esse tipo de liberdade. Portanto, tive de fugir. Tive de me retirar da fonte da tentação imediatamente.

Meu olhar vago de repente se tornou um olhar firme, determinado. "É, preciso de talheres descartáveis para o peixe e para os brócolis." E pude ver a mulher revirando os olhos enquanto ela se inclinava para pegá-los, imaginando que tipo de doida varrida tinha de pensar por tanto tempo se precisava ou não deles.

Mas eu não estava focada nela ou em sua expressão de desprezo. Pelo contrário, eu me forcei a me concentrei em sair por aquela porta. Enquanto eu dirigia para casa, um versículo continuou em minha mente: "Dominados pela gula no deserto, puseram Deus à prova nas regiões áridas" (Salmos 106:14). Quando cheguei em casa e comi o peixe e os brócolis, percebi que eu não tinha nenhuma vontade de comer batatas fritas com salsa. Nenhuma. Eu estava satisfeita com minha escolha saudável.

O que fez a diferença? Então, vamos dar uma olhada mais de perto nesse versículo: "Dominados pela gula no deserto, puseram Deus à prova nas regiões áridas".

O deserto é um lugar de escassez. No estado de escassez somos mais propensos a ceder às coisas que não devíamos. Eu estava com muita fome quando entrei naquele restaurante. Eu estava num estado de fraqueza e vi algo que poderia me encher fácil e instantaneamente. Isso é o que chamo de zona de perigo.

Dentro da zona de perigo, as mentiras e racionalizações do inimigo soam tão bem — visões e cheiros sedutores de darem água na boca especificamente orquestrados pelo inimigo para minha destruição. É bem aqui que devo começar a recitar a verdade, pegar meu pedido embalado para viagem e fugir dali. Deliberadamente fugir.

Tinha de parar de pensar no que eu *não devia* ter e me concentrar em agradecer pelo que *podia* ter. Eu podia comer um delicioso peixe grelhado com brócolis cozidos no vapor. Um alimento que é saudável e benéfico para meu corpo.

Devemos aceitar os limites do plano alimentar saudável que escolhemos. E devemos declarar esses limites como presentes de um Deus que se preocupa com nossa saúde, não como cercas restritivas destinadas a nos impedir de aproveitar a vida. O paladar vulnerável e doente não consegue lidar com certos tipos de liberdade. Os limites nos mantêm seguras, e não presas.

Aprendi esse conceito com a nossa doce cachorrinha, Chelsea. Ela não é a cadelinha mais esperta do pedaço. Embora ela tenha muito espaço para correr e brincar dentro de nosso quintal cercado, está obcecada em tentar atacar os pneus dos carros sempre que alguém dirige em nossa propriedade. Por isso, teve seu segundo encontro infeliz com um veículo em movimento na mesma época em que comecei meu plano de alimentação saudável.

Chorei feito uma criança quando a vi. Mas, além de uma perna dianteira quebrada, uma perna traseira severamente ferida e um focinho com metade da carne faltando, ela se saiu bem. Misericórdia!

O veterinário disse que, para a perna dela sarar adequadamente, teríamos que mantê-la quieta por três semanas. Perguntei se ele podia lhe dar alguns comprimidos para os nervos e alguns para mim também. Seria um desafio manter Chelsea quieta por três minutos. Mas três semanas?

Bem, duas semanas depois nessa jornada de recuperação, toda essa calmaria foi embora da nossa doce Chelsea no meio da noite. Ela decidiu me castigar com um ataque de uivos, choro e arranhões na porta fechada do meu banheiro. Ela queria sair, e queria naquele exato momento. Queria sair e caçar, correndo atrás de alguma criatura noturna desatenta. Ela estava cansada de sacrificar sua liberdade.

Para ser sincera, eu também queria que ela fosse capaz de correr e caçar uma criatura noturna. Mas meu amor por ela não permitiria deixá-la se machucar. Sua fragilidade não conseguia lidar com esse tipo de liberdade. Por enquanto.

A verdade por detrás da fragilidade da Chelsea me pareceu bastante aplicável também a mim. Minha fragilidade não conseguia lidar com a liberdade das guloseimas fora dos limites do meu plano.

Por enquanto.

Em algum momento, serei capaz de adicionar algumas coisas de volta na minha dieta em pequenas quantidades, mas, por enquanto, não.

Minha fragilidade com a comida é profunda. Por isso, meus novos hábitos alimentares saudáveis precisam de tempo para ficarem ainda mais profundos. Aqui estão alguns dos limites saudáveis que estabeleci para garantir o sucesso. Recomendo fortemente a leitura deles sempre. Eles provaram ser muito úteis para eu ficar em um bom lugar com meus hábitos saudáveis.

- Deus tem me dado poder sobre minhas escolhas alimentares. Eu tenho o poder — a comida não. Se não devo comer, sequer irei colocar na boca.
- Fui criada para um estilo de vida melhor do que ficar presa num ciclo de derrota. Não fui criada para ser vítima das minhas escolhas más. Fui criada para ser uma filha de Deus vencedora.
- Quando penso em fazer uma concessão, reflito além desse momento e me pergunto: *Como vou me sentir a respeito dessa escolha amanhã de manhã?*.
- Se estou em uma situação em que a tentação é avassaladora, terei de escolher removê-la ou me retirar da situação.
- Quando há um evento especial, posso encontrar outras maneiras de comemorar, em vez de estragar meu plano de alimentação saudável.
- Lutar contra meu peso não significa uma maldição de Deus em mim. Estar acima do peso é uma evidência externa deque são necessárias mudanças internas para eu viver e me sentir bem.
- Tenho esses limites estabelecidos não para restrição, mas para definir os parâmetros da minha liberdade. Minha fragilidade não consegue lidar com mais liberdade neste exato momento. E eu sou boa nisso.

Essa batalha é dura. Muito dura. Se você está na igreja olhando para uma mesa de pratos, com todas as coisas empanadas, fritas e cobertas de queijo, ou se está em um restaurante olhando para um pôster de batatas fritas e salsa, pode parecer que uma guerra está sendo travada em sua mente. Então, oro para que esses limites ajudem você, assim como me ajudaram.

A vitória é possível, irmãs, não descobrindo como tornar esse processo fácil, mas escolhendo — inúmeras vezes — o poder absoluto disponível por meio da verdade de Deus.

CAPÍTULO 16

Porque as dietas não funcionam

Tenho um problema com televendas. É sério. Encomendei de tudo, desde limpador de rejunte a pó facial e uma grelha de carne que praticamente prometia pegar a carne da minha geladeira e assá-la sem nenhum esforço da minha parte.

Entretanto, nenhuma televenda chama minha atenção como as das dietas. Com grandes promessas e pouco sacrifício, você também pode emagrecer hoje à tarde. E enquanto tudo em meu cérebro grita *Isso é golpe,* algo em meu coração diz: *Mas talvez isto dê certo.*

Talvez isso realmente me faça me sentir tão cheia que posso comer três grãos de ervilhas e meio peito de frango e ficar saciada até o jantar. Talvez isso realmente impeça que cada pedaço de gordura que eu consuma seja absorvido pelo meu corpo, permitindo-me assim comer, comer, comer, sem engordar, engordar, engordar.

No final, minha mente racional ajuda meu paladar a desligar o telefone, colocar meu cartão de crédito de volta na carteira e fazer as pazes com a realidade. Não existe resultados imediatos.

Mas tenho de dar crédito ao pessoal da televenda. Eles descobriram um jeito de aproveitar a dura realidade do porquê as dietas não funcionam — cansamos de fazer sacrifícios e nosso esforço próprio não dá resultados.

SEGUNDA EU RECOMEÇO!

Não estou de dieta

Recentemente, estava caminhando pelo aeroporto de Chicago com um lanche em minha bolsa — algumas fatias de maçã. Eu estava totalmente feliz com minha maçã até eu passar perto de um aroma que me agarrou pelo pescoço, ficou bem na minha frente e disse: "Não sabe o quanto eu posso fazer você ainda mais feliz?". Uma loja chamada Nutts tinha acabado de fazer um novo lote de pipoca de caramelo.

Eu amo pipoca de caramelo. E eu poderia racionalizar facilmente a compra de um pacote: "Não consigo comprar essa marca na Carolina do Norte. Eu podia ter meu petisco especial de Chicago. Todo mundo está comprando".

Realmente, eu podia ter pegado a pipoca, comido alguns punhados e guardado o resto para meus filhos e ter ficado perfeitamente bem por ter quebrado a dieta. O problema é que não estou de dieta.

Porque as dietas não funcionam comigo. Parece que consigo fazer esse sacrifício por um tempo e depois me canso. Eu chego ao meu peso ideal e depois, lentamente, volto aos velhos hábitos. O peso volta e me sinto uma impostora.

Por isso não estou de dieta. Estou numa jornada com Jesus para aprender a fina arte da autodisciplina com o propósito da santidade. E hoje decidi com antecedência que teria fatias de maçã como lanche.

Decidir com antecedência o que eu comeria ou não é uma parte crucial dessa jornada. Também tento planejar minhas refeições logo após o café da manhã, quando me sinto cheia e saciada. Decidir com antecedência mantém minha mente e planejamento racionais e no caminho certo. O pior momento para decidir é quando espero até sentir muita fome. Ali meu corpo está gritando por algo rápido, e geralmente os itens rápidos vêm em uma variedade de tentações não saudáveis.

Aqui está o ponto de vista bíblico sobre a tentação:

> Assim, aquele que julga estar firme, cuide-se para que não caia! Não sobreveio a vocês tentação que não fosse comum aos homens. E Deus é fiel; ele não permitirá que vocês sejam tentados além do que podem suportar. Mas, quando forem tentados, ele mesmo providenciará um escape, para que o possam suportar (1Coríntios 10:12,13).

A saída que o Senhor me oferece é eu decidir com antecedência o que comerei ou não a cada dia.

O versículo 14 desse mesmo capítulo prossegue dizendo: "Por isso, meus amados irmãos, fujam da idolatria". Uau, como esse versículo aponta o dedo bem nas minhas questões com comida e diz: "É exatamente por isso que tem a ver com uma jornada espiritual e não com uma dieta provisória".

Esperar qualquer coisa fora da vontade de Deus para nos satisfazer é idolatria. A nutrição, que é o propósito alimentar, significa consumir porções adequadas de escolhas saudáveis que capacitam nosso corpo a funcionar bem. A idolatria, no caso da comida, significa consumir porções exageradas e fazer escolhas não saudáveis porque sentimos que merecemos ou que precisamos para nos sentir melhor.

Agora, escute o que tenho a dizer. Não devemos fugir da comida. Precisamos dela. Mas devemos fugir do controle que a comida pode ter em nossa vida. Se fugirmos do padrão de idolatrar a comida e depender dela para nos sentirmos melhor emocionalmente, poderemos ver com mais clareza a saída que Deus promete quando somos tentadas.

SEGUNDA EU RECOMEÇO!

Dois elefantes na sala

À medida que falamos sobre esses sentimentos de merecer ou precisar de certos alimentos para superar um momento difícil, acho que é bem apropriado abordar os dois elefantes na sala.

Elefante nº 1: "Não me diga que tenho de abrir mão de todos os petiscos o tempo todo".

Não estou dizendo que temos de abrir mão de todos os petiscos o tempo todo. Quando eu estava trabalhando para atingir um peso saudável, desisti de todo açúcar e carboidratos ricos em amido por um período. Quando alcancei meu peso ideal, acrescentei algumas coisas de volta à minha alimentação, mas as acrescentei cuidadosamente. Preste atenção nas palavras *algumas* e *cuidadosamente.*

Agora que estou no meu peso ideal, se tivesse de decidir com antecedência comer pipoca no cinema, então eu pediria um saquinho pequeno (e sem manteiga). Nos próximos dias, eu seria mais cuidadosa com minha alimentação saudável e deixaria de acrescentar petiscos.

Embora essa jornada não seja apenas sobre perder peso, o peso é uma medida se estamos ou não fazendo escolhas saudáveis. O que vivi nas tentativas anteriores de perda de peso é que o sucesso duradouro é muito difícil de obter.

Não posso voltar aos meus velhos hábitos de pensar que mereço um petisco especial todos os dias. A realidade do fracasso na dieta diz de forma clara e audível que retornar aos velhos hábitos fará com que o peso que perdi também volte.

Isso me leva ao segundo elefante na sala:

Elefante n° 2: "Não acho que isso se parece com uma jornada espiritual. Parece uma abordagem legalista sobre comida".

Por favor, preste atenção nisso. Estou escrevendo este livro como um convite para considerar a liberdade encontrada quando apresentamos uma das nossas maiores necessidades — alimento — diante do Senhor e permitimos que Ele nos guie e nos guarde nessa área.

Precisamos de um plano de alimentação saudável, mas devemos ter uma profunda moderação que só vem de fazer disso tudo uma jornada de crescimento espiritual. O apóstolo Paulo aborda essa questão:

> Já que vocês morreram com Cristo para os princípios elementares deste mundo, por que, como se ainda pertencessem a ele, vocês se submetem a regras: "Não manuseie!", "Não prove!", "Não toque!"? Todas essas coisas estão destinadas a perecer pelo uso, pois se baseiam em mandamentos e ensinos humanos. Essas regras têm, de fato, aparência de sabedoria, com sua pretensa religiosidade, falsa humildade e severidade com o corpo, mas não têm valor algum para refrear os impulsos da carne (Colossenses 2:20-23).

O pastor Ray Stedman fez um comentário sobre esses versículos:

> Um legalista olha para a vida e diz: "Tudo é ilícito a menos que você possa provar na Bíblia que é lícito. Portanto, não devemos nos envolver com qualquer coisa que a Bíblia não diz ser lícita". Isso reduz a vida a uma gama muito estreita. Mas um cristão que se baseia na Bíblia olha para a vida e diz: "Tudo é lícito! Deus nos deu um mundo e uma vida para vivermos e desfrutarmos. Tudo é lícito a menos que a Bíblia mostre especificamente

que é ilícito". Algumas coisas são ilícitas; são nocivas e perigosas. O adultério é sempre ilícito. E a fornicação também. A promiscuidade sexual é ilícita. Mentir e roubar são ilícitos. Essas coisas nunca são lícitas. Mas há muita coisa que nos é permitida. Se estivermos dispostos a obedecer a Deus nas áreas que Ele aponta como prejudiciais e perigosas, teremos o resto da vida para entrar na presença de um Salvador que nos ama e que nos guia e nos guarda em nossa caminhada com Ele.[7]

Eu amo principalmente a última frase. Entrar na presença de um Salvador é de fato o que devo fazer para essa jornada ser bem-sucedida e duradoura. É o componente que faltava em todas as minhas dietas passadas.

Até a comunidade médica está percebendo o papel fundamental do compromisso espiritual. Dr. Floyd Chilton, um fisiologista que leciona na Wake Forest University School of Medicine, escreveu:

> Sua força de vontade está em constante batalha com seus genes e com seu ambiente excessivamente calórico. Geralmente, seus maiores esforços não combinam com seus genes e só a força de vontade não é suficiente para causar essa mudança; comece entendendo que você não consegue sozinho. Se você é uma pessoa de fé, use essa relação para ajudar em sua mudança.[8]

Deus nos criou e disse para sermos fiéis com o corpo que recebemos. O Espírito Santo nos capacita a fazermos mudanças duradouras. E Jesus nos guia e guarda carinhosamente, enquanto caminhamos com Ele, o tempo todo, escolha após escolha, dia após dia.

E esse é um plano com uma promessa que nenhuma televenda pode oferecer!

CAPÍTULO 17

Melhor ganhar do que perder

Quando já dissemos que não temos de abrir mão de todos os petiscos o tempo todo, teremos de nos afastar de certos alimentos para sempre.

Esse afastamento é em parte um sacrifício corajoso e em parte um arrependimento absoluto. E embora as palavras *sacrifício* e *arrependimento* costumavam ser vocábulos de privações amargas para minha alma, elas estão falando de outra coisa agora. Algo que sinceramente passei a amar. A vitória.

Mas a vitória não vai durar muito tempo se eu começar a resistir e não gostar de seus requisitos essenciais de sacrifício e arrependimento. Estou no meu peso ideal e no lugar mais perigoso para uma história de dieta bem-sucedida. É hora de comemorar — convidar todos aqueles alimentos que sentimos tanta falta para uma festinha de boas-vindas, certo? Mas não podemos receber em casa os alimentos que sentimos falta sem receber de volta todas as calorias, gramas de gordura, colesterol, açúcares e aditivos viciantes.

O curioso sobre esses "convidados" é que eles enviam sinais para nosso cérebro, implorando-nos para festejar com eles inúmeras vezes. Uma festinha de boas-vindas se torna um novo convite para sermos colegas de quarto, o que resulta em um desastre para aquilo que esperávamos ser mudanças no estilo de vida.

Para mim, até as pequenas concessões aos desejos de alimentos não saudáveis abrem o caminho para uma reversão total do

SEGUNDA EU RECOMEÇO!

meu progresso. E isso não é mais apenas uma revelação pessoal; a ciência tem provas. Em um estudo publicado pela *Science News*, os pesquisadores descobriram que *junk food* [comida sem qualidade] são comprovadamente viciantes em ratos de laboratório:

> Depois de apenas cinco dias de dieta *junk food*, os ratos mostraram "profundas reduções" na sensibilidade dos centros de prazer de seus cérebros, apontando que os animais rapidamente se acostumaram com a comida. Por isso, eles comeram mais comida para obter a mesma quantidade de prazer. Assim como os viciados em heroína precisam cada vez mais da droga para se sentirem bem, os ratos precisam cada vez mais de *junk food*. "Eles perdem o controle", diz [um dos pesquisadores]. "Essa é a característica do vício."[9]

Outros estudos que li apontavam o efeito de certos alimentos açucarados que desativam a capacidade do corpo de se sentir satisfeito.

É realmente difícil para uma mulher acostumada com salgadinhos e chocolate rejeitar alimentos que têm sido habituais em sua festa. E é ainda mais difícil conformar-se que eles não são meus amigos. Alguns podem ser conhecidos casuais em um nível muito limitado, mas outros precisam ser banidos para sempre.

Só você pode determinar a categoria.

Vale a pena repetir aqui um versículo que mencionamos antes nessa jornada: "Tudo me é permitido", mas nem tudo convém. "Tudo me é permitido", mas eu não deixarei que nada me domine (1Coríntios 6:12). A maioria das pessoas associam esse versículo apenas ao pecado sexual. Contudo, o próximo versículo lida com a comida: "Os alimentos foram feitos para o estômago e o estômago para os alimentos, mas Deus destruirá ambos" (v. 13).

MELHOR GANHAR DO QUE PERDER

Trata-se de assuntos que fazem uma mulher ficar com água na boca. O comentário em minha Bíblia fala sobre esses versículos: "Algumas ações não são pecaminosas em si mesmas, mas não são apropriadas porque podem controlar nossa vida e nos afastar de Deus".[10]

A comida não é o inimigo. Satanás o é. E seu plano estratégico é nos tornar ineficazes ou ao menos fracos para a causa de Cristo. Quando estamos presas em questões da carne, é muito difícil seguir a Deus de forma apaixonada. Portanto, para não começarmos a lamentar o que temos de abrir mão, devemos comemorar tudo o que estamos ganhando nesse processo.

E se toda essa jornada para ser saudável pudesse implicar mais o que estamos ganhando do que estamos perdendo? Em meio a abrir mão de salgadinhos e de chocolate, existem coisas que podemos ganhar. Coisas que libertam minha alma oprimida, reanimam minha atitude frustrada e liberam uma esperança de que talvez, apenas talvez, eu *posso*.

Eu posso é uma pequena reviravolta poderosa para uma mulher que se sente carente.

Eu posso me ajuda a entrar em um jantar e achar a conversa mais atraente do que o bufê.

Eu posso me ajuda a ficar no perímetro do supermercado onde abundam as opções de alimentos mais frescos e saudáveis.

Hoje, no almoço, joguei fora a maior parte do biscoito de batata-doce que acompanhava a salada. Eu peguei só um pedacinho, saboreei imensamente e decidi que comer o resto seria um exagero. Ao jogá-las, sorri e disse a mim mesma: *Isso não é sinal de que estou sendo privada. Este é um sacrifício que estou disposta a fazer para ganhar algo muito maior. Esta é a coisa mais empoderadora que posso fazer neste momento!* Eu posso. Então, eu fiz.

Quer estejamos no início da nossa jornada, no meio, quer na zona de perigo de ter acabado de atingir nossa meta de perda de peso, focar apenas o que estamos abrindo mão fará com que sempre nos sintamos privadas. E a privação leva ao desespero, à frustração e ao fracasso. Ao contrário, temos de nos concentrar em tudo o que estamos ganhando nesse processo. E veja os ganhos como mais valiosos que as perdas.

Pense em uma balança antiquada. De um lado, coloco meus salgadinhos e chocolate e, do outro lado, substituo por minha nova coragem de dizer "eu posso". Nem tem comparação. Minha coragem é muito mais valiosa, bonita, empoderadora e duradoura.

Os salgadinhos e o chocolate enchem minha boca por alguns segundos com um gosto salgado e açucarado que não contém vida, mas a coragem preenche meu coração, minha mente e minha alma com tudo o que é vivo, possível e revigorante.

E a coragem me convida a dar um dos passos mais difíceis nessa jornada. A coragem diz: *Agora que você se livrou parcialmente de seus velhos hábitos ao fazer os sacrifícios necessários, é hora de se arrepender totalmente.*

De todas as coisas perdidas e ganhas, a coragem de se arrepender pode ser a mais importante para mim.

Enquanto termino de escrever este livro, estou bem no meio das festas de fim de ano. Então, por favor, desculpe-me se você está lendo esse livro no verão e se sentindo muito longe de todas as coisas brilhantes e natalinas.

Sentei-me hoje para passar alguns minutos lendo minha Bíblia e decidi ler a história de Natal no Evangelho de Marcos. Bem, parece que Marcos ia direto ao ponto. Nada é dito sobre uma manjedoura. Nada de Maria e José. O menino Jesus não é mencionado. Não há estrela brilhante ou anjos. Zero noite feliz. Nenhuma noite santa.

Na verdade, se Marcos fosse o único Evangelho em que o nascimento de Jesus neste mundo fosse mencionado, o Natal seria muito diferente.

Não haveria presentes.

Sem o Linus entregando sua fala espetacular no especial de Natal de Charlie Brown & Snoopy.

Sem luzinhas piscando e brilhando.

O que existiria? Um homem de aparência rústica chamado João Batista, vestido de couro e pelo de camelo, preparando o caminho para Jesus, pregando uma mensagem que geralmente não ouvimos no Natal. Uma mensagem rude e um pouco difícil de engolir.

Arrependimento.

Essa palavra resume o início da história de Cristo de acordo com Marcos:

> Assim surgiu João, batizando no deserto e pregando um batismo de arrependimento para o perdão dos pecados. A ele vinha toda a região da Judeia e todo o povo de Jerusalém. Confessando os seus pecados, eram batizados por ele no rio Jordão" (1:4,5).

Esse é o ponto do sermão em que começo a crer que algumas pessoas que conheço estejam realmente prestando atenção. *Obrigado, Senhor, por esta mensagem. Você sabe que fulano precisa de um renovo de arrependimento total...*

É nesse ponto que Jesus sussurra para mim: *É uma mensagem só para você. Você precisa desta mensagem, Lysa. Eu estou chamando você para se arrepender. É assim que você precisa se preparar para o Natal dentro do seu coração este ano.* "Enviarei à tua frente o meu mensageiro; ele preparará o teu caminho"—"voz do que clama no deserto: 'Preparem o caminho para o Senhor, façam veredas retas para ele'" (Marcos 1:2,3).

A mulher que pode ser um problema. Ela ouve o mensageiro chamando ao arrependimento.

E ela sussurra mais uma vez: "Desculpa-me, Jesus. Perdoa-
-me. Cura-me. Restaura-me. Esses mesmos lugares onde dou
desculpas. Essas mesmas velhas coisas que me fazem tropeçar.
O orgulho que me faz pensar que a culpa é dos outros. A corre-
ria que me faz esquecer de parar e refletir sobre meus caminhos,
meus pensamentos, minhas ações. Tu, Messias, és o melhor par
para o meu caos".

Duvido que essa seja a versão mais popular da história do
Natal, mas para mim, neste ano, é um lugar perfeito para esta
ex-viciada em salgadinhos e chocolate completar essa parte da
jornada. Não quero dizer que minha jornada *acabou*, mas que
agora *estou totalmente preparada para prosseguir.*

Na verdade, esta tem sido uma das melhores jornadas espirituais da minha vida. Uma jornada espiritual significativa e
satisfatória com grandes benefícios físicos. Eu aprendi muito,
mas talvez uma das lições mais ricas foi perceber a quantidade
de energia mental e espiritual que desperdicei durante anos,
apenas desejando que as coisas mudassem. O tempo todo me
martirizando por não ter disciplina para mudar.

Não importa com qual problema você esteja lidando no
momento, Jesus quer ajudar você. Ele quer de verdade. Mas
você tem de parar de se culpar e se arrepender.

Em vez de usar meus defeitos contra mim, posso entregá-los
a Jesus e deixá-lo moldar minhas dificuldades. A forma cheia da
graça que Jesus esculpe é muito diferente da maneira como eu
me culpo. Minhas culpas estão cheias de mentiras exageradas
que me derrotam. O esculpir do Senhor é cheio da verdade
que me liberta. Uau, que diferença! Jesus não compara. Ele não
condena. Ele não exagera.

Ele simplesmente diz: *Eu amo você. Do jeito que você é. Mas Eu
amo tanto você que não posso deixar você presa. Então, afaste-se totalmente
dessas coisas que não são benéficas para você.*

É disso que gosto em Jesus. Gosto muito.

Querido Jesus,

Finalmente reuni coragem para admitir que ansiava mais por comida do que por ti. Eu chorei ao ter de abrir mão da comida enquanto mal pensava em ti, que deste tua vida pela minha liberdade. Estou presa à sentimentos de desamparo. Tenho ficado com raiva por ter de lidar com esse problema do peso e com raiva de ti por permitires que esse seja um dos meus destinos nesta vida. Eu inventei desculpas. Eu apontei o dedo. Eu dependi da comida para me preencher. Eu menti para mim sobre a realidade de por que eu engordo. Eu me acomodei, dei desculpas e justifiquei meus problemas. Fiquei fascinada pelo pão com manteiga enquanto desprezava teu pão diário.

Por tudo isso, desculpa-me. Esses não são apenas pequenos problemas. Eles são para mim pecados — errar o alvo daquilo que tu tens de melhor para mim. Com todo o meu coração, minha mente e minha alma, eu me arrependo. Eu me afasto da mentalidade da dieta. Eu me afasto do que devo abrir mão e não choro mais. Eu removo minha brecha que mantém a porta aberta para meus velhos hábitos, minha velha mentalidade, meus velhos planos.

Eu escolho a liberdade. Eu escolho a vitória. Eu escolho a coragem. E acima de tudo, eu escolho a ti. Amém.

CAPÍTULO 18

Viva como uma vencedora

Recentemente, eu estava parada na fila do caixa do supermercado, olhando todas as prateleiras de revistas que me bombardeavam com as promessas das últimas dietas da moda. Sério, isso é tão estranho. O supermercado quer que eu compre muita comida, principalmente os itens de *junk food* lucrativos. Mas, como estou pagando pela minha comida, o supermercado me faz olhar revistas cheias de modelos que claramente não passam muito tempo comendo *junk food* ou bebendo o *shake* da Luciana Gimenez.

Todas as modelos eram uma versão de magreza que jamais serei. E elas pareciam absolutamente deslumbrantes em roupas feitas para mulheres que não têm gordurinhas para esconder.

Ou a cinta modeladora delas talvez funcione bem melhor do que a minha e o artista gráfico que retocou a foto da capa tenha sido bem gentil.

Independentemente disso, eu fiquei lá e, pela primeira vez, percebi que minha mente não estava competindo com a autocondenação. Eu simplesmente sorri. E percebi que minha vitória não está tão ligada às mudanças que ocorreram no meu corpo, mas sim a como venci mental e espiritualmente.

Sim, eu perdi quilos e centímetros, mas não ser oprimida mental e espiritualmente pelo constante sentimento de derrota é a real vitória.

Essa liberdade não está ligada ao tamanho de uma pessoa. Há mulheres magérrimas oprimidas tanto de forma espiritual

SEGUNDA EU RECOMEÇO!

como emocional por sentimentos de derrota, da mesma forma que há mulheres bem gordinhas. Eu realmente acho que, de certa maneira, a maioria de nós, mulheres, luta com toda essa coisa de "ficar saudável". Afinal, a própria queda da humanidade aconteceu em torno de uma circunstância em que uma mulher foi tentada pelo fruto proibido.

Vimos ao longo dessa jornada que Deus não apenas nos ordena a ter um ponto de vista saudável sobre os alimentos, mas Ele também nos ajuda a alcançá-lo. Sua Palavra contém a chave para quem deseja superar os problemas alimentares, sejam eles leves, graves ou moderados. Suas verdades instruem, guiam e nos ensinam perfeitamente. E Ele provou ser fiel às suas promessas de nos salvar:

> Tornaram-se tolos por causa dos seus caminhos rebeldes, e sofreram por causa das suas maldades. Sentiram repugnância por toda comida e chegaram perto das portas da morte. Na sua aflição, clamaram ao SENHOR, e ele os salvou da tribulação em que se encontravam (Salmos 107:17-19).

Embora eu não possa dizer que estava me aproximando fisicamente dos portões da morte enquanto lutava nessa jornada, eu estava me aproximando de uma sensação completa de derrota, imaginando se superar essa luta assustadora era possível.

Esse é um lugar horrível.

Como Deus é precioso em saber e abordar de modo tão específico a luta de uma mulher com a comida. Volte e leia esse Salmo novamente.

Como Ele os salva?

Como Ele salva o indivíduo com problemas iguais aos meus?

Como Ele salva a mulher anoréxica que odeia todo tipo de comida?

Como Ele salva os severamente obesos, que estão realmente se aproximando das portas da morte?

Como Ele salva qualquer um de nós que está agindo como tolo e rebelde?

O próximo versículo do Salmo 107 dá a resposta: "Ele enviou a sua palavra e os curou, e os livrou da morte" (v. 20).

Ele enviou sua palavra, e ela os curou! As mulheres cristãs não foram feitas para ficar presas a um estado de derrota.

Fomos feitas para trilhar caminhos que conduzem à vitória. Não começando na segunda-feira, mas começando agora. Isso não significa que esse caminho não será repleto de lutas que precisaremos aprender a superar. Ele será. Pois as lições que ensinam a ter vitória são alguns dos maiores e mais duradouros dons de Deus.

Encontrei alguns dos versículos mais fascinantes sobre vitória no livro de Apocalipse. Esse é geralmente um livro da Bíblia que me deixa um pouco inquieta; sinto como se eu devesse ter um doutorado antes de lê-lo. Porém, semana passada, o pastor na igreja leu um versículo que me intrigou. Folheei até achar o versículo e logo me vi intrigada com outros também.

Talvez este seja o versículo que produz o maior entusiasmo em meu coração. "Ao vencedor darei o direito de *comer* da árvore da vida, que está no paraíso de Deus" (Apocalipse 2:7, ênfase da autora).

Não é incrível ver que é possível ter vitória? É possível ser mais do que alguém que *lida* bem com seus problemas. Esse versículo diz: ao vencedor! Ou seja, é destinado àqueles que encontram a vitória total numa área em que outrora não conheciam nada além da derrota.

E há uma recompensa por superar nossas lutas rumo à vitória total. Como fico feliz em saber que a recompensa para os

SEGUNDA EU RECOMEÇO!

vencedores é que eles recebem o direito de *comer*! Comer da árvore da vida será diferente de qualquer satisfação que já sentimos. E posso apenas observar que por dizer especificamente que esta árvore está localizada no paraíso, estaremos comendo no céu.

Pois é, estaremos.

É por isso que sorri enquanto esperava na fila do caixa do supermercado semana passada. As circunstâncias sempre foram as mesmas. As revistas ainda estavam colocadas de forma estratégica para chamar minha atenção. As modelos ainda estavam retocadas digitalmente além realidade. E eu ainda tinha de comprar comida.

Mas minha reação a todas essas circunstâncias mudaram porque eu mudei por dentro. Encontrei meu "eu quero", emocional e fisicamente.

Minhas escolhas saudáveis me fizeram me sentir empoderada, e não privada. Meu plano de alimentação saudável é algo natural, não são regras que sigo, mas sim o modo natural que penso a respeito dele. E estou empolgada por esse ser meu estilo de vida. Verdadeiramente empolgada.

Espero que você também esteja. Tenho de admitir que estou triste por este livro chegar ao fim. Eu apreciei caminhar com você nessa jornada. Mas enquanto finalizo, colocar em prática esse conteúdo é só o começo.

Desafie-se a caminhar firme rumo à vitória que foi feita para ser sua. A próxima escolha que fizermos determina se estamos no caminho da vitória ou da derrota. Não as escolhas de ontem. Não as escolhas feitas há cinco minutos.

A próxima escolha. Nossa próxima escolha. Que seja uma escolha de uma vencedora. Uma vencedora feita para desejar somente Deus.

Versículos para uma alimentação saudável

1. Deus tem me dado poder sobre minhas escolhas alimentares. Creio que devo consumir comida. *A comida não deve me consumir.*

   Mas ele me disse: "Minha graça é suficiente a você, pois o meu poder se aperfeiçoa na fraqueza". Pois, quando sou fraco, é que sou forte (2Coríntios 12:9,10).

2. *Fui criada para um estilo de vida melhor* do que ficar presa num ciclo de derrota.

   Vocês já caminharam bastante tempo ao redor destas montanhas; agora vão para o norte (Deuteronômio 2:3).

3. Quando penso em fazer uma concessão, vou refletir além desse momento e me perguntar: *Como vou me sentir a respeito dessa escolha amanhã de manhã?*

   Acaso não sabem que o corpo de vocês é santuário do Espírito Santo que habita em vocês, que lhes foi dado por Deus, e que vocês não são de vocês mesmos? Vocês foram comprados por alto preço. Portanto, glorifiquem a Deus com o seu próprio corpo (1Coríntios 6:19,20).

4. Quando sou tentada, ou eu removo a tentação, ou *eu me removo* da situação.

   Assim, aquele que julga estar firme, cuide-se para que não caia! Não sobreveio a vocês tentação que não fosse comum aos

SEGUNDA EU RECOMEÇO!

homens. E Deus é fiel; ele não permitirá que vocês sejam tentados além do que podem suportar. Mas, quando forem tentados, ele mesmo providenciará um escape, para que o possam suportar. Por isso, meus amados irmãos, fujam da idolatria (1Coríntios 10:12-14).

5. Quando há um evento especial, posso encontrar outras maneiras de comemorar, em vez de estragar meu plano de alimentação saudável.

Eis que coloquei diante de você uma porta aberta que ninguém pode fechar (Apocalipse 3:8).

6. *Lutar contra meu peso não significa uma maldição de Deus em mim,* mas uma evidência externa deque são necessárias mudanças internas para eu viver e me sentir bem.

Esqueçam o que se foi; não vivam no passado. Vejam, estou fazendo uma coisa nova! Ela já está surgindo! Vocês não a reconhecem? Até no deserto vou abrir um caminho e riachos no ermo (Isaías 43:18,19).

7. Eu tenho esses limites estabelecidos *não para restrição*, mas para *definir os parâmetros da minha liberdade.*

Falo isso em termos humanos, por causa das suas limitações humanas. Assim como vocês ofereceram os membros do seu corpo em escravidão à impureza e à maldade que leva à maldade, ofereçam-nos agora em escravidão à justiça que leva à santidade (Romanos 6:19).

Notas

[1] Dictionary.com, s.v. "craving", http://dictionary.reference.com/browse/craving.

[2] Dictionary.com, s.v. "enlightened", http:// dictionary.reference.com/browse/enlightened.

[3] Usado com permissão por Karen Ehman. Você pode encontrar este *post* em seu maravilhoso *blog*: "Defined by Obedience, Not by a Number (and a Giveaway!!)", Karen 28 de outubro de 2009, http:// karenehman.com/home/2009/10/28/defined-by-obediência-not-by-a-número-e-a-giveaway/.

[4] Ralph Waldo Emerson, citado em Maddie Ruud, "Inspirational Quotes About Beauty–Body Image Quotes", HubPages, 08 de março de 2011 http:// hubpages.com/hub/Quotes_on_Beauty.

[5] Ruth Graham, *Fear Not Tomorrow, God Is Already There* (New York: Howard Books, 2009), 104-5.

[6] Chip Ingram, *The Invisible War* (Grand Rapids: Baker, 2006), 27.

[7] Ray Stedman, "The Things That Can Ruin Your Faith", pregação de Colossenses 2:16–23 feita em 25 Janeiro de, 1987, Ray Stedman Ministries (Sonora, CA), http://www.raystedman.org/new-testament/colossians/the-things-that-can-ruin-your-faith.

[8] Floyd Chilton, citado em "Help, I Can't Stop Eating", *US Airways Magazine*, June 2009, https:// nutrition.cals.arizona.edu/person/floyd-ski-chilton-phd.

[9] Laura Sanders, "Junk Food Turns Rats into Addicts", *Science News*, acesso em 21 de outubro de 2009, https://www.sciencenews.org/article/junk-food-turns-rats-addicts.

[10] "1 Corinthians", in *NIV Life Application Study Bible* (Grand Rapids: Zondervan, 2004), 2070n6:12.

Sobre a autora

Lysa TerKeurst é a presidente da organização paraeclesiástica Proverbs 31 Ministries e figura como autora *bestseller* do prestigiadíssimo *The New York Times*. Ela é autora de mais de duas dezenas de livros. Mas, para aqueles que a conhecem pessoalmente, ela é apenas uma mulher simples com uma Bíblia bem gasta, alguém que proclama esperança em meio a bons tempos e a realidades dolorosas. Lysa mora com sua família em Charlotte, Carolina do Norte, EUA. Entre em contato com ela diariamente e siga sua agenda de palestras:

- Website: LysaTerKeurst.com (clique em "Eventos" para saber como convidar Lysa para palestrar em seu evento).
- Facebook.com/OfficialLysa
- Instagram:@LysaTerKeurst
- Twitter: @LysaTerKeurst

Se você gostou deste livro, capacite-se com recursos adicionais para sua jornada de alimentação saudável em:

illstartagainmonday.com

Sua opinião é importante para nós.
Por gentileza, envie-nos seus comentários pelo e-mail:

editorial@hagnos.com.br

Visite nosso site:

www.hagnos.com.br